HENRI BARBUSSE

Paroles
d'un combattant

PARIS

ERNEST FLAMMARION, ÉDITEUR

26, Rue Racine, 26

Paroles

d'un combattant

OUVRAGES D'HENRI BARBUSSE

CHEZ ERNEST FLAMMARION :

Le Feu (*Journal d'une escouade*), roman. (Prix Goncourt, 1916.) [300e mille.]
Nous autres..., contes (23e mille).
Clarté, roman (90e mille).
Les Suppliants, roman (épuisé).
Pleureuses, poésies. (épuisé).

CHEZ ALBIN MICHEL :

L'Enfer, roman. (130e mille.)

AUX ÉDITIONS " CLARTÉ " :

La Lueur dans l'Abîme.

HENRI BARBUSSE

Paroles
d'un combattant

Articles et Discours (1917-1920)

PARIS
ERNEST FLAMMARION, ÉDITEUR
26, RUE RACINE, 26

NOTE DE L'ÉDITEUR

Les amis d'Henri Barbusse *ont réuni ici quelques-uns des articles et des discours les plus importants qu'il a écrits ou prononcés depuis le jour où il est revenu du front, réformé n° 1, après un séjour de vingt-trois mois comme simple soldat au 231ᵉ de ligne, puis brancardier de compagnie au même régiment, puis secrétaire d'État-Major au 21ᵐᵉ corps d'armée.*

Cette publication d'ensemble marque une progression d'idées qui lui donne un caractère saisissant, et pour ainsi dire dramatique. Mais malgré les différences qu'on relèvera, dans la forme et dans le fond, entre la lettre à l'Humanité d'août 1914 et les proclamations qui terminent le livre, il s'agit là non pas d'une évolution, mais seulement d'une clarification de pensée. C'est la confession éloquente d'un honnête homme qui, toujours, a donné leur plein sens aux mots, qui a manifesté d'abord une confiance entière, sans arrière-pensée, puis s'est élevé au-dessus de cette « noble candeur » qui fut peut-être celle de M. Wilson et qui fut, à coup sûr, celle des peuples en armes.

L'idéal pour lequel Henri Barbusse est parti volontairement à la guerre, dans les conditions les plus périlleuses pour lui, n'a jamais changé. Mais il a compris, comme d'autres l'ont compris avec lui et surtout après lui, que cet idéal fut trahi par ceux qui en avaient la charge, en même temps que furent trahies les multitudes qui s'y étaient vouées corps et âme.

C'est cette sincérité attestée par ses premières affirmations, cette loyauté sans parti pris qui, autant que sa largeur de vue et son talent, ont assuré à la parole de l'auteur du Feu et de Clarté l'autorité considérable et l'influence mondiale qu'elle exerce actuellement.

La seule modification qui ait été apportée aux textes est le rétablissement des passages supprimés, ou altérés, par la censure.

Paroles d'un combattant

LETTRE AU DIRECTEUR DE *L'HUMANITÉ*.

(9 août 1914.)

Mon cher confrère,

Voulez-vous me compter parmi les socialistes antimilitaristes qui s'engagent volontairement pour la présente guerre? Appartenant au service auxiliaire, j'ai demandé et obtenu d'être versé dans le service armé et je pars dans quelques jours comme simple soldat d'infanterie. Si je vous signale ce menu fait, banal et pour ainsi dire imperceptible dans le grand élan actuel, c'est pour me permettre de dire que, loin d'avoir renié les idées que j'ai toujours défendues à mes dépens, je pense les servir en prenant les armes. Cette guerre est une guerre sociale qui fera faire un grand pas — peut-être le pas définitif — à notre cause. Elle est dirigée contre nos vieux ennemis infâmes de toujours : le militarisme et l'impérialisme, le Sabre, la Botte, et j'ajouterai : la Couronne. Notre victoire sera l'anéantissement du repaire central de césars, de kronprinz, de seigneurs et de soudards qui emprisonnent un peuple et voudraient emprisonner les autres. Le monde ne peut s'émanciper que contre eux. Si j'ai fait le sacrifice de ma vie et si je vais avec joie à la guerre, ce n'est pas seulement en tant que Français, c'est surtout en tant qu'homme.

Veuillez agréer l'assurance de mes sentiments dévoués.

Henri BARBUSSE.

POURQUOI TE BATS-TU ?

Pourquoi te bats-tu ?

« Tu te bats pour ceci, pour cela ! — Non, pour cela ! » te crient les uns. « Tu te bats pour rien ! », te soufflent les autres.

Tu te bats pour quelque chose, et ce n'est pas ce que beaucoup essayent de te faire croire. **Tu te bats pour la justice et pour la libération des hommes, et pour cela seulement.**

Il faut t'expliquer les raisons de ton sacrifice et de tes souffrances. Tu as le droit de savoir; on a le devoir de te parler. Il faut te donner cette explication, à toi qui donnes ta vie; et les cris des blessés, et les plaintes des mutilés veulent aussi une réponse digne de leur misère, et on la doit encore à la face silencieuse et exigeante des morts.

Mais pour savoir, il faut que tu fasses un effort personnel non seulement avec ton intelligence, mais avec ta volonté. La lumière dont tu as besoin n'est pas une révélation sensationnelle tombée on ne sait d'où. Elle est en toi. Les vérités sont en toi, dans ta raison et dans ta conscience. Il faut les y démêler; aide-toi. Tu es né, tu as grandi dans un monde confus d'idées, de notions, de principes. Tu les entends bourdonner, tu les vois s'élancer. Cherche, dans cette forêt, ce qui est évident, absolu, solide, et parmi les vérités, les plus grandes, les plus pures, celles d'où découlent les autres. Pensées, impulsions, sentiments, croyances, foi, prends chacun de ces ressorts moraux, examine-le, contrôle-le, vérifie son authenticité. Remonte, par tes seules forces — par les seules forces, entends-tu bien —, des faits aux causes et de principe en principe, jusqu'à ce qui n'est pas discutable, et s'impose. Fais une sorte de revision de toi et des autres. Recommence-toi, s'il le faut, avec une magnifique honnêteté.

Cette critique est la plus noble des opérations que notre esprit soit, ici-bas, capable d'accomplir. Les plus grands penseurs ont commencé par là leur tâche. On peut l'entreprendre sans phrases et sans algèbre philosophique, en se servant simplement de la sincérité d'un esprit droit et clair. Tu as l'esprit droit et clair. Va, et cherche en toi.

Dans le chaos abstrait qui t'environne, tu

trouveras des notions acquises. Elles ne viennent
pas du fond de toi ; tu les as acceptées par doci-
lité. Tu y crois parce qu'on t'a dit d'y croire, ou
même simplement parce qu'on y a toujours cru
avant toi et autour de toi. Leur seule autorité,
leur seule preuve, c'est d'avoir subsisté.

Ce n'est pas une raison suffisante. Débarrasse-
toi des soi-disant vérités qui, non évidentes par
elles-mêmes, te sont imposées comme une sorte
d'héritage. Ne te laisse pas impressionner par
les noms dont on déguise ces grands ou petits
préjugés, les épithètes dont on les masque,
l'appareil pompeux dont on les affuble. « Ce
sont des traditions ! » te dira-t-on. « C'est la
tradition sacrée, la tradition nationale ! » ajou-
tera-t-on.

Rejette les traditions qui ne sont que des
traditions, même si tu les as jadis adorées. Ce
sont des mots vides de sens, des mots funestes.
Le progrès, c'est la force qu'on a pour s'affran-
chir de ces tentations-là. L'esclavage, le ser-
vage, la torture, étaient dans les traditions
nationales des nations qui les ont abolis. Ré-
volte-toi contre l'obéissance passive, aveugle,
sourde et muette au passé. N'accepte pas cet
ordre qui t'enjoint de tourner le dos à l'avenir.
et de reculer. Apprends à haïr le mot de tradition. Tu comprendras un jour que c'est la
maladie profonde de la société.

Tu trouveras au fond de toi des instincts sourds qui t'agitent, et veulent parfois te pousser dans un sens. Méfie-toi du prestige qu'on accorde volontiers aux instincts. Les sophistes en font grand emploi. Mais toutes les basses impulsions de la sauvagerie dorment en nous. Haine, envie, meurtre, pillage, sont tapis dans le bas des âmes les plus civilisées. On tentera de transformer à tes yeux, pour les besoins de la cause, quelqu'un de ces obscurs courants en indication sainte et respectable, transmise précieusement par les générations dont tu sors et qui te suggère la voie à suivre. Arrache-toi de ce piège. Au reste, la passion et l'amour doivent naître de l'idée, et jamais l'idée de la passion.

Tu entendras résonner en toi des échos de grands mots. Méfie-toi des grands mots. Il leur arrive de donner brillamment et bruyamment asile soit à de mauvais instincts, soit à des préjugés. Méfie-toi aussi de ce qui est écrit, ne croie aucune parole sur parole. Sois le juge de ce que tu lis et de ce que tu entends. Méfie-toi de politiciens, méfie-toi des savants spécialistes, et des historiens de détail, et des documentateurs hypnotisés par les marottes de cas particuliers, et des avocats, et des diplomates, et, en général, de tous ceux qui cuisinent les faits isolés.

N'apprécie les événements que d'après leurs extrêmes conséquences. Méfie-toi des avantages immédiats qui cachent des désavantages futurs, et des buts immédiats, et de tout ce qu'on voit de près. Songe à ce que tu ne vois pas encore, et même à ce que tu ne verras peut-être jamais, toi !

Méfie-toi des personnes. On a tendance à incarner une doctrine dans un homme — soit un homme important dont on entend parler, soit quelqu'un de proche qu'on connaît — et la doctrine participe de la sympathie ou de la réprobation qu'inspire le personnage, ou bien de son talent, ou bien de sa médiocrité et de son ignorance. C'est une défaillance de la raison. Prends soin de l'éviter. Sépare toujours, toujours, les hommes des idées.

Quand tu auras accompli, replié sur toi-même et la tête dans tes fortes mains, ce travail **de** réflexion sur les faits, les arguments, les thèses, les systèmes, écartant impitoyablement tout ce qui t'apparaît douteux et mal fondé, tu arriveras aux grandes choses simples qui sont les assises des autres.

L'ordre suprême, au delà duquel on ne peut remonter sans mentir et sans se tromper, c'est la loi morale.

*
* *

On te dira qu'elle n'est pas primordiale, qu'elle découle, par exemple, de la loi divine, de la foi religieuse. Ce n'est pas vrai. C'est la religion, ou plutôt c'est la famille divisée et hétéroclite des religions qui découle de la morale (et elles ne se ressemblent que par ce qu'elles ont de commun avec elle).

La loi morale est, d'une façon absolue, d'une façon parfaite, la loi de l'intérêt général. Elle est exactement la règle du groupement humain dans toute son étendue et toute son infinité. Elle implique toujours et partout, sous des formes diverses, le sacrifice de chacun à tous.

Sa nécessité et sa forme se confondent en quelque sorte avec sa réalité. Elle se suffit à elle-même.

On l'a appuyée sur des soi-disant « vérités révélées », pour l'imposer aux peuples-enfants et aux enfants du peuple. Ce subterfuge théâtral, en supposant qu'il ait été utile à certains moments de l'humanité, n'est plus de mise aujourd'hui. Tu entendras dire encore : « Il faut une religion à la masse ». Repousse ce blasphème contre la vérité.

Non, il ne faut pas de religion. Quand bien même les religions ne se détruiraient pas elles-mêmes, à l'examen d'un cerveau sain, par leur multiplicité et leur hostilité réciproque, elles sont dangereuses à faire intervenir dans la conduite des hommes, parce que absurdes et discutables ; et ce qu'on base sur elles est compromis et menacé par leur fragilité.

Elles présentent aussi un autre péril : c'est que, très pures dans leurs débuts historiques, alors qu'elles sortaient du cœur et de l'esprit de leurs sublimes fondateurs, elles se sont ensuite modifiées aux mains de leurs dirigeants ; elles ont quitté le domaine personnel et sentimental ; elles sont devenues les instruments d'une propagande sociale très déterminée ; elles se sont changées en des partis politiques d'une orientation caractérisée : Regarde autour de toi, partout. Lis deux journaux opposés, écoute deux orateurs. Tu verras que le parti religieux est toujours, sans exception aucune, dans le bloc de la réaction et du retour au passé, pour la simple raison que la religion vit d'autorité et non de lumière, qu'elle a besoin, pour se maintenir, de l'asservissement qu'elle appelle « l'ordre », de l'aquiescement obscur ; et aussi parce que ses représentants ont un intérêt personnel à conserver des privilèges et des avantages temporels contraires à la libération des multitudes.

C'est ainsi qu'après avoir balayé de ton esprit toutes les espèces de dogmatismes artificiels et de fragments de dogmatismes déposés en toi, les affirmations sans fondement qu'une longue impunité rendait vénérables, ou qu'une sorte d'indifférence, d'imitation machinale, de paresse d'esprit ou de timidité y laissaient végéter, tu arrives à la morale nue.

Tiens-toi à cet idéal magnifique. N'en démords pas. Fais-en ton rêve, ta chimère, ta folie. Tu ne pourras plus te tromper, tu es dans la vérité.

Comme prix de ta loyauté intellectuelle — constante et active, n'est-ce pas — tu verras les grands axiomes éternels se déployer clairement, et la notion de justice t'apparaître, belle comme le jour. Tu verras et tu sentiras qu'il est absurde, au rayon de la loi morale, de prétendre qu'un homme a plus de droits qu'un autre, d'attribuer à la naissance un privilège de domination, et tu verras combien il est fautif de faire prévaloir dans l'univers des intérêts étroits, des intérêts personnels, ou ceux d'une collectivité restreinte, au détriment d'une collectivité plus grande, et, à plus forte raison, au détriment de l'ensemble de la collectivité.

Tu constateras que s'il est nécessaire, s'il est divin d'être juste — il est juste de dire que tous les hommes sont égaux devant la loi sociale, qu'ils ont le droit de participer tous à la direction de la société à laquelle ils ont attaché leur destinée par une sorte de contrat. Tu sauras que

malgré les sophismes des ignorants, ou les sin-
geries des pédants, ou les criailleries des menteurs ou des grotesques, ou les manœuvres des
avocats hypocrites qui détournent le débat sur
des questions indirectes ou des points de détail,
— le suffrage universel est la seule forme de
gouvernement qui soit vraiment juste, et que,
d'autre part, toutes les nations sont autant d'individus ayant un égal droit à la vie. Et de tout
cela, il sortira l'image de la république, puis
d'une grande république faite avec les autres.

*
* *

Il fut un temps où cet idéal s'isolait en quelques
consciences individuelles, noyées parmi l'ombre
et l'égarement du reste. Maintenant, il n'en est
plus ainsi. Le triomphe de la vérité morale et
sociale se réalise avec une sorte de fatalité. Une
clarté universelle se réveille. Les peuples se
nettoient des anciens régimes qui vivaient d'eux
et les pourrissaient. Il y a plusieurs années qu'il
ne reste plus au monde un seul pouvoir personnel
absolu. Le branle de démolition donné par la
Révolution Française, gloire splendide et ineffaçable de notre pays, se continue à mesure
que les hommes sont de plus en plus nombreux
à ouvrir les yeux. On ne veut plus de ces
tyrannies obscurément consenties où la pensée

pliait depuis des âges. Le monde élimine ses erreurs ; il se guérit. Partout l'homme s'étonne, puis se lasse, puis s'irrite, d'avoir si longtemps soutenu béatement, sans s'en apercevoir, des idées qui ne tiennent pas debout.

Eh bien, à ce progrès qui prenait possession du monde, s'opposaient des blocs compacts. Le plus irréductible était l'impérialisme et le nationalisme casernés au centre de l'Europe.

L'empire d'Allemagne a voulu se saisir du pouvoir matériel de l'empire du monde. Cette prétention est contraire à l'éternelle loi, et inadmissible. Tu opposes à l'envahisseur et à sa formule épouvantable ta barricade et ta poitrine. Tu as saintement raison.

Tu te bats contre le nationalisme, qui est l'égoïsme lâché d'une nation.

Mais, attention ! Le nationalisme sévit partout. Il n'existe pas seulement dans le repaire que tu forces présentement et où, en vérité, il est aux mains d'une caste prépondérante et a force de loi. Il est aussi autour de toi.

Il n'est pas exclusif à l'Allemagne. Il s'est infiltré en France aussi, moins officiel et féodal, plus épars, mais bien vivant; féroce et néfaste, captieux, hypocrite, ayant ramassé et mêlé tous les préjugés et tous les grands mots. Il essaye de reprendre ta liberté, ton esprit et ton cœur avec tous les errements du passé, accommodés dans sa nouvelle formule, qui peut-être, toi-même, à des époques antérieures où tu ne daignais pas réfléchir et voir les choses jusqu'au fond, t'a séduit par un bout ou par l'autre. Il se complique, se complète, selon le déchaînement de la logique, du militarisme.

Démêle cette intrigue et tranche ces nœuds. Répète-toi ce jugement de bon sens, que le nationalisme français ne vaut pas mieux que le pangermanisme et tous les pans du monde. Abats le militarisme allemand, non pour y substituer le tien, ni pour abattre l'Allemagne, mais pour abattre le militarisme. Tu es le libérateur **qui** tue le tyran pour tuer la tyrannie. Tu n'es pas l'assassin qui le tue pour prendre sa place. **Au** cri révoltant et oppresseur de : « Deutschland über alles », il faut répondre en disant : « non ! » et non pas en criant : « France d'abord ».

Ces deux cris déchirent également le commandement sacré de la solidarité humaine, et autorisent tous les autres peuples à jeter, de leur coin, la même clameur de désordre à travers le monde. Ils sont immoraux, donc socialement absurdes, non viables. Ils signifient la guerre perpétuelle, l'avalanche grandissante des ruines, et la disparition du genre humain dans le charnier.

Aime la France comme tu aimes ta mère. Veuille-la grande, veuille-la noble, riche et rayonnante. Mais ne la place pas au-dessus de la justice et de la morale. Tu n'as pas plus le droit de crier au monde : « France d'abord ! » que tu n'as celui de proclamer : « Moi d'abord ! » ou : « Les miens d'abord ! » Rappelle-toi : tous les hommes égaux, toutes les nations égales. Il se peut qu'à un moment donné, l'intérêt d'un pays puissant semble être d'agir en désaccord avec la justice ; mais on n'a même pas, en réalité, intérêt à violer le commandement primordial ; l'avantage qu'on acquiert par ces moyens est aussi passager que la prospérité financière d'un Bonnot. Cet amour que tu as pour ton pays avec tous ses trésors de douceurs, de beautés, de grandeurs, tu le serviras mieux et d'une façon plus efficace parce que plus durable, en en faisant le champion du droit et de la justice, et de l'égalité adorable des hommes. Justice d'abord.

Ceux qui sont de l'autre côté — je ne parle pas seulement de l'autre côté des frontières — te disputeront le droit de dire que tu aimes la France. Ils prétendent monopoliser le patriotisme au profit de leur programme étroit, borné, utopique et anarchique. Mais quant à traiter outrageusement de « sans-patrie » les hommes à la fois honnêtes, logiques et positifs qui constatent que tout perfectionnement du travail, de la science, de l'art, de la prospérité et du bien-être des vivants doit reposer sur une complète solidarité internationale, halte-là ! Tu riras du tintement des phrases creuses, mais tu te dresseras contre ces faux-monnayeurs.

*
* *

Voilà pourquoi tu te bats. Pour un splendide butin : pas celui qu'on met dans la poche ou qu'on ramasse sur des cadavres, — pas non plus pour une misérable prime ou un honteux pourboire, ni pour le pillage, ni pour la conquête, ni pour quelqu'un des crimes qu'on n'innocente pas en leur accolant l'épithète de collectifs — mais pour le juste, pour le beau et le bien, et, en définitif, pour le travail, pour le bonheur et la prospérité solides. Cet idéal, regarde-le sans cesse, et garde-le toujours. Qu'il soit lucide, qu'il soit jaloux. Tu as le droit d'avoir et de manifester ton opinion dans le drame immense où tu as payé ta place. C'est pour les écrivains une sainte besogne de te dire pourquoi tu te bats. Pourquoi tu t'es battu, ô peuple invincible, c'est toi qui, un jour proche, le criera, en te dressant tout entier.

LES NATiONS, *Juin 1917.*

AUX ANCIENS COMBATTANTS

J'adresse un appel ardent à tous ceux des anciens combattants de cette guerre qui croient à la République et qui la veulent.

Camarades, officiers et soldats, vous avez lutté de vos mains contre l'autocratie et l'injustice. Par hasard, la mort vous a épargnés. D'autres sont tombés; vous les valez. Mais les blessures ou les maladies vous ont fait lâcher vos armes. Vous êtes revenus, et maintenant vous êtes là. Je vous demande de venir tous à nous, de vous grouper tous, de vous unir non seulement pour connaître et sauvegarder fraternellement vos intérêts de travailleurs rendus au travail, mais pour servir la cause même que vous avez défendue sur les champs de bataille jusqu'au bout de vos forces.

Je ne vous parle pas des avantages immédiats, professionnels de notre union; je veux

vous entretenir aujourd'hui d'un grand intérêt
général qui dépasse celui de chacun de vous,
mais qui repose sur vous tous : soldats de la
guerre, continuez à être les soldats de la pensée, il le faut. Vous ne devez pas renoncer
encore à vous battre. La démocratie a besoin de
vous. Elle vous appelle à son secours, vous qui
serez un jour le nombre et la force, et qui êtes
l'énergie, l'audace et la lucidité.

Les avertissements nous assiègent de toutes
parts, chaque jour nous en apporte : l'heure est
grave. La nécessité d'agir est urgente. Une
vague de réaction, une poussée en arrière en-
vahit la France. Si ce n'est pas dans son exis-
tence que le principe immortel de la République
est menacé, c'est dans ses progrès sacrés. L'opinion publique éprouve une crise de défaillance ;
incertaine et troublée, encline aux paniques,
myope et trop facilement intoxiquée et affolée
jusqu'au délire par la moindre dose de calomnie, terrorisée par les aboiements, sans révolte
contre certains scandales chroniques, ni contre
les louches théoriciens de l'asservissement qui
cherchent, comme leurs compères, à s'enrichir
brusquement du malheur public, ou bien accor-
dant sa confiance à des pontifes vieillis, déchus
et aveugles qui ne s'aperçoivent même pas que
la charte des Droits de l'Homme leur est tombée
depuis longtemps des mains, elle n'est pas

aujourd'hui ce qu'elle fut dans les grands moments de son histoire. C'est à vous de la refaire. Les principes républicains sont, de tous côtés, ou trop attaqués, ou trop mal défendus. Il faut veiller sur la République. C'est à vous entre tous et avant tous qu'incombe ce devoir, survivants de la guerre des hommes contre les oppresseurs !

Nous appelons République la société constituée sur les bases de la réelle souveraineté du peuple, c'est-à-dire sur la logique et la raison, avec tout ce qu'un corps social sagement organisé peut comporter d'égalité, de liberté et de droits pour chacun ; une société qui ne soit pas, ouvertement ou obscurément, conduite par une oligarchie de privilégiés et de parasites, mais illuminée dans tous ses coins par le clair intérêt général.

Nous appelons République l'ordre et la discipline basés sur les grandes lois morales et non sur des traditions qui ont donné depuis des siècles leur aveu de malfaisance, et dont l'universelle tragédie actuelle agite enfin clairement devant les yeux la preuve effrayante qu'elles signifiaient la marche à l'abîme et la fin du monde.

Nous appelons aussi République, par une extension pure et simple des principes constitutifs, l'union des républiques entre elles : la

démocratisation de l'univers, la vraie Société
des Nations. Nous attachons une importance
immense aux choses de l'ordre international.
La libération sociale des multitudes soi-disant
étrangères à la nôtre, l'organisation rationnelle
et équitable de l'ensemble humain, est le cadre
de tous les progrès futurs. Nous rejetons avec
colère le vieux et funeste sophisme nationaliste
qui exige qu'on ignore le régime social des pays
voisins. Les raisons pour lesquelles les chauvins, les profiteurs et les meneurs veulent qu'on
respecte béatement les maladies intérieures des
autres nations sont trop faciles à deviner pour
que vous ne les rejetiez pas. Nous croyons que
les peuples sont partout les mêmes, ont partout
les mêmes défauts et les mêmes grandes vertus,
les mêmes aspirations, les mêmes chaînes, les
mêmes ennemis. Et c'est par eux et sur eux que
se construiront la justice et la paix solide.

Nous plaçons au-dessus de tous nos idéaux,
comme les complétant fatalement, la République
universelle. Nous disons que non seulement
cette harmonie supérieure n'est pas une atteinte
au noble et juste épanouissement de chaque
patrie, mais que c'est la seule condition qui soit
conforme à ses grands intérêts vitaux, son seul
statut éternel. Nous disons que non seulement
le but que nous poursuivons à l'intérieur et à
l'extérieur n'est pas une utopie, mais que c'est

le seul qui n'en soit pas une. C'est le seul objectif élevé, équilibré, précis et positif; ceux qui, sincères ou non, s'opposent à cette victoire de l'idée sont des anarchistes et ne sont pas loin d'être des traîtres.

Est-il nécessaire d'ajouter que c'est là et non ailleurs qu'est l'aboutissement de l'œuvre de la Révolution bien que, il faut le reconnaître, nos amis américains en aient donné, cette fois-ci, les premiers, la formule claire et nette. Quoi qu'il en soit, c'est par ces voies que la grande France de 1789 s'agrandira et durera.

Sur ces bases, nous sommes, n'est-ce pas, d'accord. Il est juste de dire que cette foi n'exclut pas actuellement la volonté de vaincre l'Allemagne, au contraire, puisque celle-ci est la plus forte expression du militarisme dirigeant et déchaîné, mais c'est à cause de cela seulement. D'aucuns prétendent que, pour marcher à la mort et sacrifier sa vie, il est nécessaire d'être stimulé par un patriotisme étroit, ou enivré par la haine d'une race. Non. Une haute promesse de progrès définitif pousse mieux les vrais hommes à donner leur sang. Nous qui avons combattu en tant que Français, et surtout en tant qu'hommes, nous pouvons dire fièrement que nous en sommes la preuve vivante.

L'OEUVRE, *Juillet 1917.*

LES ÉCRIVAINS ET L'UTOPIE

Il ne faut pas que les écrivains soient avec les utopistes. Ils l'ont été trop souvent, et il y en a trop qui le sont encore. Trop souvent ils ont mérité les pesants reproches qu'on leur a faits d'être des songe-creux et de fantaisistes conducteurs d'âmes. Trop souvent, les hommes positifs, épris de vie sérieuse, énergique et active, se sont détournés, en souriant dédaigneusement, des faiseurs de poésies, de contes et de romans.

Il faut que les écrivains voient clair et voient loin, et qu'ils disent la vérité.

L'heure est émouvante. Qu'ils réfléchissent à ce qu'ils font. Que ceux qui parmi les hommes de lettres ne se consacrent pas exclusivement à la peinture de la vie intérieure, à la description du cœur humain, ceux qui se préoccupent de directions morales et sociales, ne défendent pas dans leurs œuvres telle ou telle théorie sans en avoir pesé les conséquences et les ravages possibles. La noblesse de la grande mission à la fois publique et confidentielle des créateurs de livres les oblige à savoir où ils conduisent les hommes.

Qu'ils s'appuient sur des bases éternelles : la logique et la justice. En partant de cette source, ils n'erreront pas et ne feront pas errer ceux qui les écoutent et les suivent. Qu'ils montrent l'admirable nécessité de ces principes que, le long des siècles, les hommes de progrès ont dégagés, et que, le long des siècles, les ennemis du progrès essayent d'effacer ; qu'ils la fassent rayonner aux yeux de l'ignorance et de l'incertitude qui, partout, attendent encore.

Il n'y a pas d'autre lumière originelle que la logique et la justice ; la raison et la morale ; il n'y a au monde que deux partis politiques : celui qui veut modeler la vie publique selon ces principes, et celui qui en fait intervenir d'autres : l'autorité, la tradition, le droit divin, l'asservissement au passé. Il y a le parti du progrès et celui de la réaction. Celui qui dit : « en avant ! », et celui qui dit : « en arrière ! ». Ils ont toujours formé deux blocs impénétrables l'un par l'autre ; les partis divers avec leurs nuances et leurs détails, s'agglomèrent nettement, soit à l'un soit à l'autre. Seuls les hommes à courte vue peuvent prétendre qu'il y a des moyens termes, des combinaisons possibles entre ces deux courants qui ne vont pas dans le même sens.

Pour tout esprit sain, qui fait table rase de ce qui ne s'impose pas à sa raison et à sa conscience et cherche à se figurer la vie sociale sans préjugés, sans parti pris, selon le bien, la morale et l'intérêt, l'égalité de tous les citoyens entre eux et l'égalité de toutes les nations entre elles apparaît comme la grande loi désirable du monde vivant. République dans chaque pays et République des républiques. Ce n'est que dans une République que l'individu peut s'épanouir ; ce n'est que dans « l'Internationale » qu'une patrie peut s'épanouir.

Le parti réactionnaire se présente actuellement sous une forme renouvelée : le nationalisme. Toutes les erreurs, toutes les monstrueuses et dangereuses erreurs des régimes démolis et des croyances usées réapparaissent sous cette appellation avec des couleurs neuves et vives. Le nationalisme intégral de « L'Action Française », un des foyers les plus actifs de ces théories, est le seul qui soit conséquent avec lui-même : il est, en même temps, royaliste et catholique — naturellement. Les autres aussi ; mais ils ne veulent pas le savoir, ou ils ne veulent pas le dire.

Ils exigent que chaque pays s'isole et se cui-

rasse; que tout soit sacrifié à l'hégémonie
nationale; les convoitises de chaque pays sont
érigées en principes sacrés, les crimes qu'il rêve
ou accomplit, annexions, conquêtes, changent
de noms et deviennent des actions méritoires,
les forces et les ressources s'engouffrent dans
l'engrenage grandissant des armements, tout le
reste du progrès s'annihile par les charges
militaires, et l'aboutissant, c'est le militarisme
et la guerre, car toutes ces choses se tiennent
comme les chaînons d'une chaîne.

Le moindre reproche qu'on peut faire à cette
théorie anarchique qui prétend nous ramener à
l'âge des cavernes, en remplaçant les individus
par des pays, c'est d'être utopique, puérile,
indigne d'un cerveau équilibré. Cette exaltation
d'une nation par elle-même amène forcément la
même fermentation chez le voisin; et, pour qui
se donne la peine de regarder plus loin que la
minute présente, c'est la bataille inévitable et
sans cesse renaissante, et la fin du genre humain.
Cet étrange morcellement géographique de la
vérité changerait, si on le laissait faire, l'évolution du monde en une course à l'abîme formidable, et définitive. La guerre finie et la paix
faite, c'est la menace de l'expansion d'un autre
pays à l'horizon, la multiplication farouche des
armements, les villes devenant des casernes, les
campagnes devenant des champs de manœuvre,

des champs de bataille et des cimetières. Il n'y a pas de raison pour que cette surenchère acharnée, qui a écrasé la fin du siècle dernier et le commencement de celui-ci en attendant les hécatombes actuelles, n'aille pas toujours s'aggravant. Il n'est pas possible à l'avocat le plus retors de cette mauvaise cause, non pas de prévoir, mais même d'envisager une paix durable, dans un monde qui serait en proie à ces idées. Et combien le vieux monde pourrait-il encore supporter de guerres? C'est l'avenir, toujours l'avenir qu'il faut regarder au loin, afin de ne pas attendre d'y être arrivé pour constater que nonobstant les excitations de café-concert, **les** vrais ennemis des peuples sont à l'intérieur.

Que la doctrine de haineuse fanfaronnade soit accueillie par quelques tout jeunes gens, dont la foi turbulente se nourrit de criailleries et qui sont les frères à peine aînés de ceux qui s'excitent à jouer au brigand; qu'elle soit aimée par des femmes qu'éblouissent les toilettes des officiers; que tel vieux militaire, grisonnant comme un âne, ne voit pas plus loin que la bonne frottée administrée à des ennemis interchangeables; que des familles desséchées dans le souvenir des exploits de leurs ancêtres et qui entendent encore ce que le roi a dit un jour à l'un d'eux, s'extasient, les yeux fermés, sur la gloire des armes, et croient à la beauté intrin-

sèque qu'il y a à tuer et à se faire tuer ; qu'un
journal, dont la raison alimentaire est de **défendre** les saintes traditions monarchistes, transpose
et enguirlande avec un talent spécial la seule
critique qu'on puisse sérieusement adresser aux
socialistes : celle de ne pas être assez nombreux ;
que les ministres des religions qui ne suppor-
tent pas un regard droit et net, soient fervents
et actifs partisans d'un système qui enjoint de
faire ce qu'on a toujours fait et de croire ce
qu'on a toujours cru, et contemplent avec regret
et convoitise la tache sombre et barbare que
l'Église a étalée sur le monde pendant des
siècles où elle a vraiment régné ; que tels
princes, tels hobereaux aient le culte du sabre
et estiment qu'il serait triste que l'humanité fût
guérie de la guerre ; que tels fournisseurs qui
gagnent cent mille marks ou cent mille francs
par jour, ou tel simple épicier qui a fait fortune,
veuillent continuer ou recommencer ; qu'il y ait
des producteurs pour préférer qu'on égorge
leurs concurrents ; que tous ceux pour qui le
malheur public représente de la gloire ou de
l'argent, soient nationalistes, soit. Ces gens sont
dans la logique de leurs satisfactions personnelles.

Mais ces idées-là ne peuvent être celles des
hommes normaux que passagèrement et tant
qu'ils ne s'apercevront pas qu'on leur ment,

qu'on leur cache l'ensemble des choses, qu'on leur dissimule que la néo-réaction ne peut rien apporter que d'illusoire, que c'est le militarisme, et que le militarisme c'est la fatalité des massacres.

Que les poètes, que les écrivains, que les artistes, n'aient pas la honte d'être les hérauts d'une duperie colossale, d'un songe-creux, d'un cauchemar-creux de cette envergure!

Leur parole est toujours attendue. Elle l'est plus que jamais, dans ces jours de bouleversement où de grands changements apparaissent possibles et peuvent être accaparés par des meneurs hardis dans un sens contraire à l'équité et au noble intérêt général. S'il faut actuellement encourager l'effort admirable et la sublime patience des soldats dont chaque heure diminue le nombre, comment oserait-on maintenir en eux l'idée d'un sacrifice pareil, si ce n'était pas en vue du plus positif, du plus réel, du plus palpable des buts de la guerre : la fin des guerres!

Je me souviens que dans les tranchées de l'Aisne, il nous est tombé sous la main, à quelques camarades et à moi, un numéro d'une revue où se trouvaient quelques articles empanachés d'académiciens notoires et un résumé des préceptes de Kant sur les peuples, les nations, les guerres. A côté de cette camelote à couleurs voyantes (articles de Paris, hélas!), les vérités éternelles émises par Kant semblaient gravées dans du bronze. Cette grande voix disait que les peuples ne se battraient pas entre eux s'ils étaient maîtres de leurs destinées.

Il n'y a pas deux vérités. Tout ce qu'on dit de vrai concourt au même but éclatant et retentissant. Que les écrivains s'occupent de la vérité unique et multiforme, qu'ils s'occupent de l'avenir et le délivrent, qu'ils remplissent ainsi leur rôle, insensibles à l'attrait des éloges, et même à celui des haines glorieuses qu'ils pourront mériter.

LE PAYS, *Samedi 2 Juin 1917.*

A PROPOS DE LA SOCIÉTÉ DES NATIONS

La Société des Nations! On l'envisage, on la prévoit. On prononce son nom toutes parts, ce qui est une manière de l'appeler. On la veut, et on y arrivera.

Dans un livre qui vient de paraître sous ce titre même, la question d'une ligue internationale pacifique, lancée par les Asquith, les Wilson et tant d'autres, est très nettement et très clairement exposée. L'auteur, Edgard Milhaud, y définit avec talent les conditions dans lesquelles il lui paraît possible de fonder un jour, « contre les risques d'incendie dans le monde, la grande mutuelle des nations », et il examine pratiquement les garanties, les sanctions indispensables pour qu'une organisation du droit international ne soit pas qu'une proclamation, que vains discours ou impuissante écriture. Avec raison, M. Milhaud croit que

cette autorité sera conférée à l'énorme organisme
de justice, moins par des garanties militaires,
des gages territoriaux, des rectifications de frontières — qui n'apporteraient que des sécurités
apparentes et provisoires — que par des mesures
d'ordre économique : des boycottages généraux
murant strictement chez elles, jusqu'à l'inani-
tion, les puissances récalcitrantes ou viola-
trices. Le problème est vu dans son ensemble
et bien traité, le tableau est complet, mais...

Mais il y a dans tout cela une lacune, un
point obscur, et ce petit point noir est gros de
tempête.

Une telle ligue des nations n'a de raison d'être
et de portée que si chaque nation y adhère totalement, si elle apporte à l'association le consentement et la volonté de la masse vivante et
profonde dont elle est faite, de sa chair, de ses
entrailles, de son peuple.

Or, quand on nous parle du « droit des
peuples à disposer d'eux-mêmes », du « droit
des nations » (expressions courantes dans les
discours des leaders et les ouvrages spéciaux),
on n'entend guère par ces mots les peuples
eux-mêmes et les nations tout entières, mais
seulement leurs gouvernants et leurs dirigeants.
Différence capitale, différence tragique, car, à
l'époque où nous sommes, les gouvernants ont
presque tous une initiative et une action indé-

pendante de la masse du pays, et beaucoup
d'entre eux, sur bien des points, notamment en
ce qui concerne les rivalités internationales,
sont en désaccord avec leurs peuples, ou, tout
au moins, ne sont pas en accord avec eux.

Voilà, dans l'architecture idéale qu'on nous
présente, la fissure qui, à un moment donné,
est susceptible de s'élargir en abîme, et rend
précaires toutes les organisations préconisées.
Dès lors qu'il ne s'agit plus de la volonté des
foules dont les noms figureront sur la liste
d'alliance, toute garantie réelle disparaît, l'édifice branle à la base : il n'a plus de fondations
solides, il n'a plus de fondations du tout.

Nous entendons M. de Bethmann-Hollweg
déclarer en plein Reichstag, en novembre 1916 :
« Quand... les effroyables ravages de la guerre
seront pleinement connus, un grand cri s'élèvera
à travers l'humanité... pour réclamer des
ententes, afin d'empêcher le retour d'une aussi
prodigieuse catastrophe. L'Allemagne examinera
honnêtement toutes les tentatives faites. »

Belles paroles. Mais qui ça, l'Allemagne ?
M. de Bethmann-Hollweg, son empereur ? La
meute des hobereaux, la caste imbue des théories que les Treitschke et les Bernhardi ont pré-
tendu appliquer, comme des soufflets, sur le
genre humain ? Nous sommes payés pour savoir
le cas que font ces hommes-là, des « ententes »,

des engagements pris et des paroles données.

Lisez la Constitution de l'empire allemand.
Vous verrez qu'aux termes de l'article 11, l'empereur « déclare la guerre et la paix », avec cette réserve illusoire qu'il lui faut le consentement du Bundesrath, qui est sa dévotion. Au reste, ce consentement n'est pas nécessaire « en cas d'agression ». On sait ce que cela veut dire. Lisez la Constitution de l'empire d'Autriche : Article premier : L'empereur est sacré, inviolable et irresponsable. Article 5 : L'empereur déclare la guerre et fait la paix.

Qui oserait affirmer que si des pays loyaux et sains, des pays vraiment démocratiques — en supposant qu'il en existe — forment une ligue avec des organismes qui portent en eux de pareils germes d'infection, le mal ne réapparaîtra pas, un jour, ici ou là? Quelle alliance durable et féconde entre des peuples libres et des masses vivantes où l'impérialisme a force de loi avec ses intérêts monstrueux, avec ses secrets diplomatiques, ses cabinets noirs, ses prisons et ses espions, — où le militarisme est couronné ou sacré. Tout statut d'une Société de Nations ne peut reposer que sur des démocraties, de vraies démocraties. L'ensemble de mesures mondiales qu'on propose, si sages et si justes, si cohérentes en soi, si irréfutables en principe, n'est qu'un frêle décor, une sorte de masque énorme, s'il

n'est pas implanté dans les profondeurs populaires.

Une vérité irréfutable domine toute cette
grande question : pour faire la guerre il faut
des armées, pour faire les armées il faut des
multitudes. Si jusqu'ici leur asservissement a
suffi pour créer la guerre, leur volonté est indis-
pensable pour créer la paix réelle.

Combien en avons-nous vus, de prisonniers
allemands, piteuses loques humaines, auxquels
on demandait : « Pourquoi fais-tu la guerre ? »,
et qui répondaient avec un geste d'ignorance :
« Ce n'est pas nous, ce sont les grands ! » Le
jour où ces multitudes qui sont la chair à canon
et qu'on écrase par masses obscures, par plaines
immenses, comme des bêtes, ouvriront les yeux
et prendront conscience, et se dirigeront elles-
mêmes, et jugeront le cas où il y a lieu d'ac-
cepter l'esclavage d'être combattants (le seul cas
de légitime défense), on apercevra la fin des
guerres. Alors seulement on pourra dire que
les Constitutions internationales appelées ardem-
ment par notre raison ne seront plus superficielles ou artificielles, que, d'abstraites, elles
seront devenues concrètes, et vraiment des-
cendues du ciel sur la terre.

Et c'est pourquoi nous croyons que le progrès
international et le progrès social ne peuvent pas
avancer l'un sans l'autre. C'est pourquoi nous

avons dans le cœur et devant les yeux, passionnément, opiniâtrement, un but constant : pro-
pager l'idée républicaine dans le monde, aider,
hâter son règne total. Ouvrir les yeux de
la multitude dans les parties du monde où les
antiques principes féodaux l'éblouissent encore.
Dégager l'idée républicaine chez les autres, chez
nous-mêmes, où tant d'injustices et même tant
d'hypocrisies la déforment, et où elle n'est, par
bien des points, qu'un fantôme théâtral et qu'un
mensonge sonore.

Tant que ce but n'aura pas été atteint, tout
avantage acquis, si intéressant, si utile, si précieux qu'il soit, ne sera que momentané et
même fragile. Mais en attendant que l'idéal
devienne une réalité, il faut savoir gré aux cher-
cheurs qui s'attachent avec sagacité à délimiter
les formations de l'avenir, à élargir aux dimensions du monde entier la vieille majesté du
Droit, et à habituer l'opinion aux formes grandioses et nouvelles de la société future.

LE PAYS, *24 Juin 1917.*

AUX SOLDATS VIVANTS (¹)

La seule chose que je puisse écrire en tête de la nouvelle édition de ce livre est le remerciement de mon cœur aux officiers et aux soldats qui, après l'avoir lu, m'ont tendu les mains.

Camarades, dont j'ai partagé la vie et les pensées, que j'espère retrouver là-bas quelque jour, vous avez aimé mon livre parce que c'est un livre de vérité. Vous y avez reconnu votre misère et votre souffrance, vous y avez reconnu la grande guerre telle que vous l'aviez faite. En me criant : « Tu as dit vrai », votre multitude fraternelle m'a rendu depuis un an, sans arrêt, un témoignage d'affection qui sera l'honneur et la joie de ma vie.

Moi qui vous connaissais, je savais que vous

1. Préface d'une édition spéciale du *Feu*, septembre 1917.

étiez dignes de la vérité. Vous êtes dignes qu'on
ne cache au monde aucune des douleurs que
vous avez supportées. Que des journalistes équivoques aient osé écrire qu'il faut qu'on vous
trompe et qu'on vous mente pour mieux vous
mener ; que tels lecteurs de l'arrière se voilent
la face pudiquement et se bouchent les oreilles
lorsqu'on leur révèle tout ce que l'homme est
capable de subir pour sauver l'idée de justice ;
que tels sophistes, apprêtent, falsifient, esca-
motent ou essayent de rapetisser une réalité
dont les justiciers de la guerre sont les seuls
dépositaires et les seuls juges, qu'importe ! Vérité, vérité ! Au reste, il n'y a pas de plus lumineux éloge qu'on puisse faire de vous de dire :
les voici tels qu'ils sont. Moi qui vous connaissais, je savais que seule la vérité était digne de
vous.

Certes, je ne vous apprendrai rien, frères qui
m'avez tant appris. Du moins — vous me l'avez
dit et je vous crois — je vous aiderai à vous
rappeler ce que vous avez été. Je vous aiderai à
garder en vous l'enfer que vous avez hanté : les
cycles sinistres où se creuse la guerre, les
champs de bataille où, voisinant avec des peuples
sans cesse nouveaux de morts, vous avez enterré
vos existences et semé votre sang, et qui
semblent eux-mêmes, noyés, défigurés des cadavres de champs. Je vous empêcherai d'oublier

de quel rayon de beauté morale et de parfait
holocauste s'éclaira là-bas, en vous, la monstrueuse et dégoûtante horreur de la guerre.

Avec l'image des jours actuels pieusement
enfermée dans vos cœurs, vous entretiendrez
toujours, camarades, comme je le fais, depuis
que j'ai la gloire de vous connaître, une haute
notion de la loi morale et l'irrésistible besoin de
la vérité. C'est par la vérité qu'aujourd'hui nous
fraternisons. C'est par elle que plus tard notre fraternité luttera pour la justice et que vous referez
le monde après le déluge. Soldats de la guerre,
soldats du progrès audacieux et immortel, soldats de la vérité, nous serons toujours ensemble
et on ne nous séparera pas.

NOUS VOULONS SAVOIR LA VÉRITÉ

Nous voulons savoir la vérité.

Nous voulons connaître les buts de la guerre, tous les buts de la guerre : les nôtres et ceux des alliés.

Nous connaissons ceux des États-Unis : pas d'annexion, pas d'indemnités, par de barrières économiques, liberté pour les populations asservies de décider elles-mêmes de leur sort, constitution d'une ligue défensive des peuples, non des gouvernements autocratiques, négociations pour la paix traitées avec les représentants directs du peuple allemand.

Ces buts sont grandioses et peut-être lointains, mais ils sont nets et clairs. Ce magnifique idéal vaut la lutte acharnée jusqu'au bout. Il vaut les souffrances et les morts par millions. Mais il n'y a que lui qui les vaille. Et nous demandons : cet idéal est-il, sans restrictions et

sans tache, celui de tous les alliés ? La France,
l'Angleterre, l'Italie et les autres nations de
l'Entente sont-elles absolument, sur tous les
points, d'accord avec l'Amérique ?

Nous avons entendu nos hommes d'État et
ceux de l'Entente dire beaucoup de sages paroles, multiplier les hautes assurances et les
promesses désintéressées : « Nous luttons pour
le droit, pour le progrès durable, pour la libération de l'humanité. » Que signifient ces paroles
dans le domaine positif des faits ? En quoi se
concrétisent ce triomphe du droit et ces garanties stables de l'avenir — pour lesquels nos
multitudes meurent depuis quarante mois ? Par
elles-mêmes, ces paroles ne sont pas suffi-
santes : la preuve, c'est qu'elles sont diverse-
ment interprétées. Il y a chez nous — un exemple
entre cent — des hommes pour qui « la revanche », sans plus, constitue le triomphe
définitif de la justice, et pour qui la conquête
de la rive gauche du Rhin est une garantie
éternelle de paix future.

Nous voulons qu'on prouve qu'il n'est pas
dans le désir de l'Entente de remplacer les
militarismes prussien et autrichien, une fois
abattus, par aucun autre — ni en grand ni en
détail, ni directement ni indirectement — et il
n'y a qu'un moyen de le prouver : énumérer
intégralement les buts de guerre.

Nous demandons qu'on nous éclaire sur de grandes questions comme celles des colonies et de la lutte économique. Le protectionnisme, qui peut aller jusqu'au boycottage, à l'emprisonnement entre ses frontières et à l'écrasement d'une nation, constitue un militarisme commercial et industriel qui ne vaut pas mieux que l'autre au regard des principes sacrés du droit, et qui, comme l'autre, prépare des conflits et des massacres.

Nous demandons la vérité, non par méfiance, mais, au contraire, parce que nous avons confiance en elle. Nous considérons que c'est pour nous une grande infériorité de ne pouvoir la proclamer, et que ce sera pour nous une grande force lorsque nous pourrons le faire. Nos aspirations qui sont, sans nul doute, nobles, raisonnables et bienfaisantes, ont tout à gagner à être exposées dans une lumière éclatante. Nous jugeons cette lumière nécessaire pour unir les Français entre eux, pour unir les alliés entre eux et surtout pour confondre nos ennemis. Nos réticences sont habilement exploitées par eux, et cela est odieux et incompréhensible. Qui sait si le peuple allemand ne serait pas agité contre sa honteuse oppression, qui sait si la faction maximaliste qui détient le pouvoir en Russie aurait accompli sa meurtrière scission, si la grande voix de l'Entente avait dès l'abord promulgué à la face du monde le programme total et précis de ses revendications? Personne de sensé ne peut affirmer qu'il n'en aurait pas été ainsi.

Les citoyens d'une nation dont le régime est basé sur la justice, les participants d'une coalition dirigée contre l'impérialisme, ont le droit de savoir la vérité tout entière, et le devoir de la réclamer.

LE PAYS, *26 Décembre 1917.*

RÉSURRECTION

A travers l'orage extérieur et les crises intérieures, et à cause de l'excès même des sombres événements, la vérité commence, de toutes parts, à apparaître à ceux qui sont capables de la réaliser. Je pense surtout aux hommes du peuple et à nos frères les soldats. Ceux-ci continuent la guerre avec cette âpreté qui est une des rares choses pour lesquelles notre admiration n'ait pas, depuis quatre ans, souffert de désillusion, ils continuent à se battre et à nous tourner le dos, mais non plus, comme autrefois, à tout ignorer. Leurs yeux et leurs consciences se sont ouverts. Le mobile élémentaire et d'ailleurs sans réplique qui a suffi d'abord, dans l'enfance de cette guerre, à les obliger au devoir : la nécessité de défendre le sol ne leur suffit plus. Il s'est élargi en même temps que la force de leur volonté et l'abondance de leur sacrifice.

J'ai partagé leurs maux, durant les mornes batailles ralenties de la guerre moderne, j'ai senti ma chair frissonner dans le frisson de la chair géante de la section ou de la compagnie. Depuis, je me suis trouvé en rapports avec un nombre considérable de combattants. De tous les points de la palpitante et mouvante frontière actuelle, ils sont venus à moi. Je sais ce que beaucoup d'entre eux pensent et feront.

Le veilleur enterré en sa fosse, dans l'étroitesse sans borne de la nuit, l'homme du peuple au cœur simple, l'homme pur, l'homme droit et bon, s'est pris à réfléchir, à discerner au-dessus des petites raisons immédiates et des prétextes du déchaînement universel, ses grandes causes, et au delà du pauvre soir qui tombe ou du faible matin qui point, les jours et les années qui seront. La grandeur des événements a fini par étendre son âme, la profondeur du cataclisme a remis au jour des problèmes ensevelis. Il voit la guerre jusqu'aux entrailles. Il se pose la vaste question qui sort toujours, tôt ou tard, de la sensibilité, de la dignité et de la liberté humaines : Pourquoi? Et comme c'est un honnête homme qui, si petitement que ce soit d'abord, veut penser par lui-même, il s'est mis à écouter les voix intérieures de la raison et de la conscience. La destruction du militarisme fou, partout et pour toujours, les citoyens égaux, les peuples égaux, jamais plus de despotisme désordonné, ni de mystères meurtriers ni de jeux terribles, et les grandes assises de l'avenir, calmes et nues comme l'horizon, voilà ce que disent ces voix qu'il écoute, comme Jeanne d'Arc.

Il a été poussé vers cette vision agrandie et fortifiée de l'idéal dont il est l'ouvrier manuel. D'abord, son premier contact avec l'arrière a été décisif et l'a rejeté en lui-même. Rappelez-vous tous, camarades, votre première permission. Malgré la fête des figures familiales, rappelez-vous l'étonnement que nous inspira cette opinion ignorante, veule, flottante et myope, qui se nourrissait de mots et de racontars, dont la sympathie même était maladroite et presque blessante, qui se laissait berner, censurer, bafouer et intoxiquer, qui ne pensait même pas à s'indigner contre les impérities du commandement et les imprévoyances des gouvernements. Il fallait une autre vérité et une autre France.

Puis apparut, de plus en plus cynique, la campagne, qu'en violation de l'union sacrée, les impérialistes, les royalistes et les ennemis du progrès n'avaient cessé de mener contre les vrais républicains. Le peuple soldat a compris que tous ces gens-là se liguent et se ligueront toujours entre eux, sous la bénédiction des prêtres, dès qu'il s'agira de sauver quelque chose du passé néfaste et de fermer l'avenir. Il a vu, de plus en plus clairement, que le triomphe de ce bloc qui pèse sur notre République et l'écrase comme un trône, opposerait éternellement le militarisme au militarisme, et, comme toutes les oppressions se tiennent et s'enchaînent, ferait retomber le pays de la Révolution à des anciens errements qui sont la honte de l'Histoire.

Contre ceux-là, il a vu se dresser d'autres espèces d'hommes, qui parlent avec l'esprit de justice et l'esprit d'humanité. Ces hommes n'arrêtent pas leur conception d'égalité aux barrières des frontières. Ils ont mis assez de grandeur dans leurs aspirations pour les rendre pratiques. Ils savent que chacun — individus et nations — est lié au monde entier, et qu'on ne peut être vraiment patriote sans être internationaliste.

C'est vers les socialistes que, de plus en plus nombreux, les soldats d'aujourd'hui et de demain se tournent, parce qu'ils leur ressemblent, parce que ce sont comme eux, les soldats du droit, de l'intérêt général et de la paix invincible, et, comme eux, des esprits larges et audacieux en qui rien n'obscurcit les rayons logiques de la morale. Ils sont l'opposition et l'espérance. Ils sont aujourd'hui ce qu'étaient les républicains sous l'Empire.

Et — de combien de ces conversions fus-je
témoin! — les travailleurs armés ont senti
tomber à l'égard des socialistes cette méfiance
qui subsistait surtout chez les paysans et était
habilement attisée par les réactionnaires, par
ces demi-républicains pires que les réactionnaires dans leur haine sénile de tout perfectionnement, et par ce qui est, matériellement, la
« grande » presse française.

Cette libération s'est dessinée chez tous les
peuples. De terribles frémissements les ont
agités tous. Des couronnes sont tombées;
d'autres tomberont. Une fermentation universelle annonce que la délivrance définitive ne
descendra pas magiquement du ciel, mais
qu'elle viendra un jour de la terre et montera
des foules.

Les paroles, les commandements du président Wilson ont magnifiquement guidé ce réveil
lumineux, discipliné, irrésistible. Il a parlé
selon l'esprit et le cœur de la France humaine.
Il s'est exprimé comme un grand président de
la République française. Et même la révolution
russe, qui semble avoir dépassé son but, mais
qu'on a sans nul doute beaucoup plus injuriée
que comprise, on saura un jour quelle furieuse
démolition elle a apportée dans les vieilles
machines autocratiques qui subsistent.

Pourtant, malgré ses grandes choses et ces grandes voix, aucun des ennemis du peuple n'a, chez nous, désarmé. La réaction se débat comme l'Allemagne. Ne pouvant plus enrayer la vérité contraire à ses petits intérêts et à ses petites vues, elle essaye de la gêner en jetant la suspicion sur les hommes de gauche. Les affaires Malvy et Caillaux apparaissent en principe comme des manœuvres.

Ces hommes sont-ils coupables de trahison, de forfaiture et d'agissements anti-français? La preuve en reste intégralement à établir. Les faits allégués contre eux ne soutiennent pas l'examen. Après ce réquisitoire puéril, et qui ramassait pourtant tout ce qu'on possédait pour motiver la mise en accusation de Caillaux, on n'a rien présenté de sérieux à l'opinion publique avide de réalité. Tant qu'il n'aura pas été trouvé d'argument péremptoire, on est bien forcé de constater qu'il ne reste qu'un amas d'insinuations, d'à peu près, de grossissements tendancieux, sans compter les illégalités et les outrages. Il reste surtout, bien visible, le long effort tenté pour déshonorer cet homme à coups d'affirmations cyniques, longtemps même avant qu'on ne possédât les documents-fantômes qu'on agite à présent. Cela est grave et impressionnant. Disons-le nettement : il suffit qu'une campagne soit entreprise par telle bande de journaux, d'agitateurs et de conservateurs pour qu'elle soit immédiatement suspecte aux regards de tous ceux qui pensent juste.

En attendant le fait irréfutable, la preuve, le peuple ne se laissera pas tromper et verra en Caillaux un homme qui a bénéficié en grande partie des calomnies qu'on aurait continué à déverser sur Jaurès si on ne l'avait pas assassiné.

Et le soldat ne pourra plus se détourner de sa ligne droite. Il attendra la première preuve de la culpabilité de Caillaux ou une nouvelle preuve de la trahison réactionnaire, comme il attend d'autres choses encore, et tout d'abord l'aveu de l'ensemble des buts de guerre des Alliés. Cloué à son poste de combat, sous le ciel foudroyant et la terre foudroyée, avec sa volonté et sa pensée en avant de lui, il ne se laissera pas détourner de son devoir intégral par les menées de ses ennemis de l'intérieur et plus tard, après la guerre, un jour viendra peut-être où la révolution naîtra de la contre-révolution.

LA VÉRITÉ, *31 Janvier 1918.*

PAS DE TRÊVE

Dans les jours si tragiques où nous sommes (¹), que doivent dire, que doivent faire ceux qui ne sont pas directement impliqués dans la mêlée suprême, ceux qui ne combattent pas avec leur chair?

Il en est qui se posent, parfois, cette question, avec gravité, sinon avec angoisse.

De bien des côtés autour de nous, nous qui ne luttons que par la parole et la plume, nous entendons proclamer : « Il faut, en des heures comme celles-ci, faire trêve à nos batailles politiques. Ce n'est pas le moment. Il faut ajourner les polémiques. Demain, on reprendra le combat. Aujourd'hui, attente, silence ».

Non. Ceux qui disent la vérité n'ont jamais à se taire. Il n'y a pas de crise, il n'y a pas de

1. Les Allemands avançaient alors sur Paris.

drame qui doive nous faire abandonner, même
momentanémcnt, le service de notre idéal. Que
ceux qui, par leurs erreurs ou leurs mensonges,
ont amené l'état de choses où la France aujour-
d'hui se débat magnifiquement, aient la pudeur
de rester muets, soit. Ce silence-là est la seule
attitude respectable que puissent encore prendre,
en face de la chose publique, ceux qui n'ont rien
su éviter, après n'avoir rien su prévoir. Mais
nous! Rien ne justifie le moindre arrêt dans
notre poussée ardente vers le grand progrès. Ce
n'est pas à l'heure où une situation créée et
aggravée par d'autres prend — sans nous
effrayer — de menaçantes proportions, qu'il
faut nous laisser paralyser par des sophismes
dans la pratique du devoir quotidien.

Avec ces sophismes-là, on nous a fait tout le
mal qu'on a pu. L'argument téméraire et lamen-
table de « la vérité pas toujours bonne à dire »
fait partie de l'arsenal des moyens frauduleux
avec lesquels on a dirigé et estropié le moral
du pays depuis quatre ans. Ce procédé d'asservissement s'est précisé par un régime policier
de terreur dont il n'est que peu d'exemples
dans notre histoire contemporaine, et par la
mise en jeu intermittente de cette comédie inti-
tulée: l'union sacrée, qu'on essaye, aux bons
moments — c'est-à-dire aux mauvais moments —
de faire prendre au sérieux par les honnêtes

gens : « Embrassons-nous tous pour vous étouffer ». C'est ainsi qu'on est arrivé à oblitérer la conscience nationale, à la conduire à tâtons vers des buts qu'elle ignore, à noyer la vérité sous je ne sais quelle ombre pleine de pièges et d'ennemis.

Ne cessons pas de le répéter : la vérité est toujours bonne à dire, parce qu'elle est conforme à l'intérêt général; elle est toujours bonne à accomplir. De tous les débats, de tous les incidents, de toutes les attaques contre les abus, les tares, les sophistes et les traîtres, contre les incapables, les profiteurs et les utopistes, de toute la lutte sur toute la ligne, se dégagent les principes lumineux et simples sur lesquels nous croyons que la vie sociale doit être enfin réglée. Chaque minute de juste polémique avance l'heure — heure lointaine, peut-être, mais urgente — du triomphe de la cause de tous. Quand on a choisi, pour guider son activité militante, une doctrine qui est bâtie foncièrement sur l'idée de justice, on ne peut jamais commettre de maladresse ni de faute en la réalisant. Cette grande besogne ne comporte même pas de petitesses, dès qu'on use, comme nous, de procédés loyaux et sages, dès qu'on est imbu, comme nous, de la notion féconde de l'ordre; et il n'y a pas au monde de raison suffisante pour s'arrêter, même provisoirement,

sur la voie où l'esprit et le cœur nous crient :
« En avant! »

Les soldats? Nous avons toujours proclamé
que les hommes, qui s'acharnent sur les frontières saignantes et déformées de la France
d'aujourd'hui, se battaient, comme nous, contre
des forces d'oppression autocratique. Il n'y a
pas d'autre but de guerre que nous admettions.
En ces jours où se précipite sur la terre française un déluge d'ennemis, cette croyance n'a
pas plus varié en nous que le reste. Loin de
démoraliser les combattants, elle apporte à leur
misère et à leur sacrifice le seul secours qui
soit digne d'eux. Et ils savent combien nous
autres, envisageant avant tout l'inestimable
valeur de leurs existences et éclairés par le plus
ample idéal social qui soit : l'internationale,
nous épions éperdûment le premier moment
où il sera possible de mettre un terme au
suicide du peuple humain --- car cela aussi,
c'est de la simple et grande vérité.

C'est notre souci même de la vie et du moral
des soldats qui nous préservera de la honte de
répondre par une trêve aux luttes où s'offrent
nos frères. Une trêve, ce serait, vis-à-vis de
notre devoir commun, un manque de respect et
de foi.

Alors, puisqu'il n'y a pas, en ce moment,
deux buts, puisqu'il n'y a pas deux vérités, con-

tinuons à dire ce qu'il faut dire, à faire ce qu'il faut faire pour fournir notre maximum de combativité. Ce n'est pas avec des timidités, des réticences et des complaisances qu'on sauvera le monde. Plus la réalité vivante est chaos, plus nous devons tâcher d'y apporter sans cesse le haut jugement de l'homme probe et l'œuvre de droiture, et de dominer les événements désordonnés, par le plus beau et le plus noble des calmes, celui de la clairvoyance.

LE POPULAIRE, *9 Juin 1918.*

RÉPONSE A MES CALOMNIATEURS (¹)

Monsieur le Directeur,

Je reçois seulement aujourd'hui communication d'un numéro de votre journal, où se trouve développée et approuvée par vous une conférence faite à Chicago contre mon livre *Le Feu*, par un officier français en mission en Amérique.

Cette conférence constitue un ensemble d'insinuations calomnieuses et d'insultes graves contre lesquelles il est de mon devoir de protester de la façon la plus catégorique.

J'ai peine à croire qu'un officier de mon pays, envoyé officiellement aux États-Unis, ait perdu à ce point la conscience de sa dignité pour outrager en de tels termes un soldat et un écri-

1. Lettre au Directeur d'un journal, juin 1918.

vain français, et profité d'une mission du gouvernement pour défendre d'une façon si grossièrement agressive ses idées personnelles.

Le conférencier m'accuse d'abord d'avoir dépeint la guerre sous des couleurs fausses. J'ignore si ce fonctionnaire galonné a fait — comme il le prétend — sa campagne en France avant de la faire en Amérique. Mais sa prétention de connaître les soldats fait sourire. Avez-vous été simple soldat dans les tranchées, mon officier ? Non ? Alors, ne parlez pas de ce que vous ne savez pas.

J'affirme que tout ce qui a été écrit par moi est l'exacte vérité. Il s'agit ou de choses que j'ai vues ou faites (et c'est la plus grande partie) ou de choses qui m'ont été racontées par des camarades que je *savais* sincères. Je n'accepte donc là-dessus aucune espèce de démenti. Je serais seulement troublé si un soldat ayant réellement fait la guerre venait contester des descriptions ou des passages de mon livre. Mais le fait ne s'est pas produit jusqu'ici à ma connaissance.

En réalité, l'état d'esprit de mon commentateur malveillant fait partie de tout un système de propagande qui consiste à enjoliver la guerre, à transformer aux yeux du public les effrayantes mêlées d'aujourd'hui en une manière de « guerre en dentelles », telle qu'elle fleurissait sous cet ancien régime qu'il regrette apparemment. Je l'ai souvent dit, et je ne perds aucune occasion de le répéter : Rien n'irrite plus le soldat que les efforts des journaux et des livres pour lui farder la vérité (cette vérité avec laquelle il vit et qu'il est le premier à connaître) et pour lui donner « l'illusion » — ainsi que s'exprimait je ne sais quel journaliste réactionnaire au sujet de mon ouvrage. — Ces pauvres moyens mensongers produisent un effet contraire à celui qu'on voudrait atteindre. Ils creusent entre l'avant et l'arrière des malentendus, des fossés, et préparent de justes colères.

Les soldats font leur devoir et le feront jusqu'au bout pour des raisons plus hautes que la peur de la misère, de la souffrance et de la mort. Des milliers de lettres de soldats me l'ont prouvé et me le prouvent encore chaque jour. Mes camarades du front m'ont remercié de les avoir montrés tels qu'ils sont, d'avoir montré à tous ce qu'ils souffrent. « C'est grâce à toi qu'on nous saluera dans la rue ! » disent-ils, et pas un ne me donne à entendre que la vérité est un poison qui affaiblit en lui l'idée qui l'a fait tenir debout et aller en avant.

Je n'insiste pas sur le passage perfide de la conférence de l'officier « officiel », où il insinue que je suis à l'abri de l'état-major. Je suis allé pendant vingt-trois mois sur le front en qualité de simple soldat d'infanterie. Et je l'ai fait *volontairement* : exempté du service militaire avant la guerre, je me suis *volontairement* présenté le jour de la déclaration, suis *volontairement* parti et suis *volontairement* resté sur la ligne de feu, ainsi qu'il est attesté dans une de mes citations. Ces citations ont été bien souvent publiées. Il est dit dans la dernière que je me suis toujours offert pour toutes les missions dangereuses. J'ai été évacué trois fois du front pour maladies contractées à la guerre. Je n'accepte au sujet de mon attitude pendant la guerre de leçon de personne.

Le conférencier de Chicago m'accuse d'avoir dit que peu de prêtres ont porté le sac. Je maintiens formellement cette affirmation. S'il y a beaucoup de prêtres mobilisés en France, ils le sont, soit comme aumôniers, soit comme infirmiers à l'avant, et ceux-là — très peu nombreux du reste — ne portent pas le sac du fantassin. Demandez aux soldats combattants si les aumôniers et les infirmiers qu'ils entrevoient subissent les mêmes fatigues et les mêmes dangers qu'eux ! Mais l'on trouve un grand nombre de prêtres dès qu'on s'éloigne de la première ligne ; parmi les brancardiers divisionnaires (qui vont des deuxièmes aux troisièmes lignes), le personnel des ambulances,

et surtout celui des hôpitaux de l'intérieur.
Dans tous les séjours que j'ai faits à l'hôpital,
j'en ai été entouré : les infirmiers, les vague-
mestres, et même les cyclistes et les concierges
étaient des prêtres.

Je dis et je maintiens donc qu'il n'est pas
possible à un homme de bonne foi de prétendre que, pendant cette guerre, le clergé
mobilisé a partagé la vie et les souffrances
des simples soldats.

Si j'ai peu parlé des officiers dans *Le Feu*,
c'est que ce livre a la prétention de représenter
surtout le point de vue du simple soldat. Il n'y
a rien, d'ailleurs, dans les quelques phrases
assez anodines et inoffensives dans la bouche
de mes camarades, qui porte atteinte au prestige des officiers. Je m'honore de l'estime et de
l'amitié d'un très grand nombre d'officiers. J'en
ai connu de bons, de braves, et d'intelligents,
et je n'ai nullement pour eux ce mépris général — et qui serait inepte — que m'attribue le
missionnaire du gouvernement français. Mais
les officiers que je connais et que j'aime ne
sont pas ceux qui sont d'avis qu'on édulcore —
c'est-à-dire en bon français qu'on étouffe — la
vérité, et qu'on fasse marcher les soldats à
coups d'idées fausses et d'images camouflées. Ils
sont imbus de la foi démocratique et républicaine. Elle leur suffit, comme à leurs compa-

gnons qui sont dans les rangs, pour être de
vrais héros et de vrais hommes.

En réalité, je le répète, toutes ces attaques
font partie d'une campagne organisée pour
détacher les forces démocratiques de leurs amis
et de leurs défenseurs. Cela est de la politique
— et de la plus basse — conduite sournoisement
à un moment où ceux qui s'y consacrent ont
l'audace de clamer le plus fort à l'Union Sacrée.

Cela peut irriter, mais cela ne découragera
pas les hommes qui croient au vaste idéal
qu'au-dessus de la mêlée du monde a proclamé
magnifiquement le président Wilson. Je considère comme une gloire d'avoir été l'un des
Français ayant parlé exactement dans le même
sens que cette grande voix, et je défie qu'on
me montre dans mon livre un seul passage sur
les buts de guerre et les conditions de la paix
qui ne soit pas conforme aux principes dictés
par elle.

Pour ces raisons, j'élève la protestation d'un
honnête homme, d'un écrivain probe et d'un
démocrate sincère, contre les agissements des
beaux officiers de salles de conférences qui,
aux frais des contribuables français, vont à
l'étranger se faire les instruments de la propagande réactionnaire. Mes frères du front ne
s'y tromperont pas.

AUX SURVIVANTS

Il y a quelques mois, nous avons adressé un appel aux anciens combattants républicains pour les adjurer de se compter, de se réunir, et de veiller à la réalisation de leur volonté commune. Ces bonnes volontés sont venues les unes aux autres. Notre Association Républicaine s'est fondée, a prospéré, grâce aux efforts d'admirables camarades, parmi lesquels il faut tout au moins nommer Raymond Lefebvre et Vaillant-Couturier, qui furent les promoteurs et les âmes ardentes de ce mouvement. Sur divers points de la France, des sections se sont créées. L'Association s'est changée en fédération, elle conjugue amicalement ses efforts avec ceux de l'Association Ouvrière des Mutilés. Elle est devenue la puissance grandissante qu'il faut qu'elle soit. Au sein de la profonde famille des blessés, des mutilés, des réformés de la guerre, où sa place est marquée distinctement, elle a vécu sa vie, et ébauché son œuvre : l'œuvre de solidarité et l'œuvre de progrès, celle du présent et celle de l'avenir.

Son succès lui fait une loi de s'accroître encore, et devant les riches et vivants résultats acquis, nous adressons un nouvel appel à ceux qui furent soldats. Nous demandons à ces camarades d'hier d'être, par le cœur, par l'esprit et par l'action, nos camarades d'aujourd'hui. Venez à nous : nous avons tous besoin les uns des autres.

A ceux qui pourraient et qui devraient renforcer nos rangs, et qui ne le font pas parce qu'ils ne nous connaissent pas assez, je veux affirmer notre but, qui est précis, qui est solidement net et clair.

Certes, puisque nous groupons des hommes dont les besoins et les revendications sont nombreuses et urgentes, notre premier souci doit être d'aider les revenants de la tuerie à recommencer leur vie, et de défendre les droits de ceux qui ont accompli un tel devoir. Cette tâche primordiale et pressante de guide, de conseiller et d'avocat, l'A. R. A. C. n'y a pas failli.

Mais ce n'est là qu'une partie de la mission que nous avons assumée. Cette mission est également politique.

On nous le reproche. Je ne parle pas de récri-

minations d'adversaires plus ou moins mal
masqués, dont les attaques suffiraient à nous
prouver, en principe, que nous suivons le droit
chemin. Mais il m'est arrivé d'entendre des
camarades bien intentionnés réprouver l'intru-
sion de la politique dans des entreprises
d'assistance mutuelle, et j'ai lu parfois des
conseils de ce genre dans des manifestes amis.
Pas de politique! Tel est le mot d'ordre de
beaucoup de Sociétés d'anciens combattants;
elles considèrent que les groupements consti-
tués en vue du triomphe d'intérêts déterminés,
dévient de leur but et s'affaiblissent dès qu'ils
se mêlent à la lutte des partis et à la discussion des idées directrices.

Sous une apparence de bon sens et de
bonhomie, il y a là, nous voudrions le montrer,
le plus superficiel et le plus dangereux des
sophismes.

Tout d'abord, qu'on le sache bien : entre la
cause de la République, telle que nous la voulons, et celle des travailleurs qui se massent
pour faire valoir leurs intérêts professionnels et
civiques, *il n'y a pas de différence de nature.*
C'est le même principe de libération égalitaire
qui est en jeu, partiellement dans un cas,
totalement dans l'autre. La République est, ou
doit être, l'application intégrale de la grande loi
morale qui éclaire les statuts de nos ligues;

c'est une mutualité faite avec toutes les autres.
Nous ne sortons pas de nos attributions en
étendant notre action fraternelle jusqu'aux bases
profondes de l'idée de solidarité : nous ne
dévions pas, nous marchons dans le même
sens, plus loin. Nous allons chercher nos raisons et nos garanties suprêmes là où elles se
trouvent. Si la République sombrait, les principes mêmes sur lesquels nos intérêts personnels sont fondés — et qui sont, en un mot, la
substitution de la justice et du droit au vieux
talisman autocratique et fantaisiste de la charité
— disparaîtraient aussi. En défendant le tout,
nous défendons la partie. Nos revendications
sont attachées aux chartes nationales et internationales, comme notre vie à la vie.

Il est, sans doute, très admissible, disons
même : il est rationnel, que toutes les collecti-
vités mutualistes n'abordent pas la politique
militante, et qu'elles se spécialisent à leur gré
dans leur tâche complexe, mais il serait regret-
table qu'une seule d'entre elles se désintéressât
de ces vastes problèmes vitaux, essentiels; en
tout cas, il est nécessaire que, parmi elles, il y
en ait qui, par-dessus les petits rouages proches,
particuliers et familiaux, veillent expressément
sur l'ensemble de la grande machine sociale.

Cette nécessité apparaît de plus en plus
étroite à mesure qu'on serre la réalité de près.

Pas de politique! Mais dès qu'on remplit un rôle social, on ne peut pas ne pas en faire!

Cette grande machine publique, nous voyons bien qu'il y a deux courants d'hommes qui s'acharnent après elle : ceux qui veulent la pousser en avant et ceux qui veulent la pousser en arrière. Deux partis : celui des réformes et celui de la conservation, celui du progrès et celui de la réaction. Entre l'extrême gauche et l'extrême droite, entre les socialistes, qui sont des républicains dans leur expression la plus stricte et la plus humaine, et la coalition monarchique, cléricale, nationaliste, qui représente un dogme exactement opposé, existent un certain nombre de partis et de forces plus ou moins définies qui, consciemment ou inconsciemment, favorisent en définitive un des deux courants contraires. C'est entre les extrêmes que se joue le drame de l'avenir, et cette lutte à mort est incessante.

Camarades qui, la main dans la main, en bloc solide et fraternel, cherchez votre place au soleil, si vous n'êtes pas avec ceux-ci, ceux-là profiteront de vous. Votre inertie, votre renoncement sont des opinions négatives et des armes perdues, et des *actes* que vous commettez contre vous-mêmes. Votre abstention marque un vide, elle est exploitée. En ne voulant pas faire de politique, vous *faites*, en réalité, celle que vous ne voudriez pas faire. Au moment où les forces obscures qui ont régné autrefois pour le malheur des hommes, reprennent de la vie, reprennent de l'audace et reprennent même du terrain, gardons-nous, camarades, de nous prêter à ce rôle de dupes ! Tels groupements soi-disant « non politiques » d'anciens soldats, savent très bien qu'ils ajoutent le poids de leur masse à la politique d'inertie, de conservation, de réaction. Il y a là une hypocrisie que nous devons dénoncer.

Au reste, comment admettre qu'on puisse réaliser les perfectionnements successifs qu'il nous faut, sans une intervention effective, pratique, c'est à-dire politique ? Ce n'est pas en bêlant à l'écart nos misères et nos espérances, que nous obtiendrons la solution qui se cache et qui se défend. Si la classe ouvrière avait négligé la politique, si elle avait écouté ceux qui lui disent : « Ne faites pas de politique ! comme ils lui disaient jadis : « Résignez-vous ! », à quel chapitre en serait-elle restée de sa grande histoire ?

Les amis timorés — ou bien les bons apôtres — ne se font pas faute de nous présenter les dangers, les petitesses, les compromis, les pièges de la politique. Nous leur répondrons avec une brutale sincérité que nous ne connaissons pas cette politique-là, que la nôtre ne

s'empêtre pas de questions de personnes et
d'intrigues. C'est un objectif plus haut et plus
lumineux que nous avons devant les yeux
comme une étoile fixe, lorsque nous essayons
de susciter et d'assembler, pour la défense de
tous et de chacun, pour la défense de la cause
du peuple, les plus respectables éléments civiques de la nation : ceux qui ont versé leur
sang et usé leurs forces *contre le militarisme,*
et que nous convions les combattants, dispersés
pacifiquement dans la vie, à reformer leur
armée. Notre effort fraternel et notre effort
libérateur, c'est le même. Croyez-le et prou-
vez-le.

LE POPULAIRE, *3 Juillet 1918.*

LES GRANDS DEVOIRS

Aux jeunes gens,

Chers amis,

Votre noble et fraternel appel m'arrive dans
ce coin solitaire où j'achève un livre et où il
m'est impossible, pour le moment, de m'écarter
de ce travail. Mais, je tiens à vous dire cependant combien votre voix me parle au cœur,
combien je me sens honoré que les jeunes,
généreux et hardis militants des « Ecrits du
Midi » veuillent bien considérer que je suis
dans leurs rangs.

Certes, nous servons le même idéal : la libération de la multitude par elle-même, la grande
loi de vérité et de raison substituée partout aux
régimes parasitaires qui ont mené de toutes

parts le vieux monde au malheur, et l'amène-
raient à l'anéantissement définitif, si l'humanité
ne réagissait pas. Nous servons le même idéal
par les mêmes moyens : dire la vérité, porter
cette lumière devant ceux qui ne savent pas,
leur montrer le droit chemin et les vrais
ennemis ; et la porter aussi devant la face de
ceux qui mentent. Nous sommes pareils, si ce
n'est que vous avez sur moi une grande et puissante supériorité : votre jeunesse.

Ce n'est pas trop de toute cette force jeune
pour mener à bien une tâche qui est dramatique
comme les évènements. On essaiera de circon-
venir par tous les moyens le magnifique effort
que vous coordonnez, vous, les vôtres, et ceux
qui vous ressemblent. D'innombrables embû-
ches sont tendues au progrès par ceux qui n'en
veulent pas. La plus inextricable est la concession qu'ils consentent parfois de force sous
l'action éclatante de la vérité, la demi-mesure
qu'ils lâchent pour garder le reste, l'apparence
de progrès qui laisse l'autocratie dans la plaie
et lui permet de reprendre peu à peu les hommes,
corps et âmes.

Votre rôle de libérateurs doit vous imposer
d'abord et surtout, d'être intransigeants, et de
bien vous persuader que tant que vous n'aurez
pas tout, vous n'aurez rien. Ce danger me
préoccupe jusqu'à l'angoisse quand j'entends de

grandes paroles de justice sortir de bouches équivoques, et des partis qui n'ont jamais cessé de haïr et de combattre la cause de tous, préconiser un avenir trop nettement démocratique pour qu'ils puissent le vouloir et même le comprendre. Sans nul doute, ces gens-là trouveraient le moyen de faire avorter les espérances du droit humain, et de rendre inutile la mort des martyrs — si vous n'étiez pas là, vous tous, les jeunes à l'esprit ouvert et audacieux, les écrivain soldats, pour maintenir le devoir civique dans sa pureté et son ampleur.

Ne cessez pas de vous appeler les uns les autres, de vous reconnaître, et de faire avec vous-mêmes une discipline et un ordre qui déborderont fatalement de toutes parts sur les choses. Nous ne savons pas ce qui viendra avec la paix; nous savons seulement ce qui viendra un jour. Maintenant que nous voyons cela, nous ne devons plus détourner les yeux.

Je vous convie au travail commun, je vous serre fraternellement les mains, à vous qui m'acceptez comme un des vôtres et que je connais — car je n'ai pas attendu de vous parler pour applaudir à votre œuvre — et je salue mes vieux amis qui sont à côté de moi, parmi vous.

LES ÉCRITS DU MIDI, *10 octobre 1918.*

AUTOUR DE LA SOCIÉTÉ DES NATIONS

A un camarade inconnu.

Mon cher Camarade,

Je lis dans *Le Pays* la lettre ouverte si courtoise que vous m'adressez et qui ne m'a pas surpris de votre part, car je sais que les anciens combattants ont le respect l'un de l'autre. Bien que je ne connaisse pas votre nom, mon cher lieutenant X..., il y a quelque chose de vous que je ne pouvais pas ignorer en principe, c'est votre loyauté et votre sincérité.

Votre question est simple. Pourquoi, me dites-vous, au moment où s'élabore, pour la Société des Nations, une imposante Ligue dont le Comité comprend un brillant éclectisme de noms, fondez-vous une sorte de ligue dissidente, forcément plus restreinte, puisqu'elle ne s'appuie que sur les organisations et les personnalités de gauche ?

Je vous répondrai avec la même franchise et la même simplicité. Certes, je rends hommage, comme tout le monde, à la valeur morale et au caractère désintéressé de Léon Bourgeois. Ce que je pense de lui, je le pense aussi de bien des hommes dont les noms figurent dans son Comité.

Mais la question est plus haute et plus grave que ces considérations sur la qualité individuelle des personnalités dirigeantes de la Ligue, et l'importance des intérêts en jeu permet de dire : plus tragique. Je ne crois pas que l'association dont vous me parlez puisse faire œuvre durable. Je ne crois pas que cette pléiade remarquable d'hommes si divers soit susceptible d'envisager assez hardiment, assez complètement toutes les profondes modifications que doit apporter dans l'ensemble de la vieille société la constitution d'une Société des Nations *définitive*.

Que des hommes distingués et érudits se réunissent et discutent, cela ne suffit pas pour élaborer les mesures rendant impossible le retour des guerres. Une organisation universelle ayant cette formidable prétention, qui changerait la face du monde, qui apporterait dans la sinistre histoire fratricide des peuples la plus grande réforme qui y ait jamais été apportée, ne peut s'édifier d'une façon réelle et positive que sur une revision radicale de l'ordre des choses existant. On ne juxtapose pas artificiellement le plus prodigieux des progrès à une série d'errements et d'abus qui ont donné leurs preuves et qui auraient vite fait de le faire avorter.

Les principes sur lesquels doit être basée une Société de Nations effective, qui ne soit pas une parodie pompeuse, le président Wilson, figure dominante de notre époque, les a énoncés. C'est le seul programme de reconstruction universelle qui ne laisse pas subsister les causes des cataclysmes. Eh bien! mon cher Camarade, je dis que l'application intégrale de cette charte purement démocratique, purement anti-impérialiste, sans concessions ni compromissions, provoquerait dans la vie collective de l'humanité un bouleversement tel que jamais un Comité composé d'hommes, dont les uns sont des conservateurs, d'autres des modérés timides, d'autres des demi-officiels et quelques-uns seulement des démocrates, n'acceptera de l'envisager jusqu'au bout, jusqu'au fond, et de travailler à sa réalisation. Il ne peut sortir de contacts de ce genre que des solutions fragiles, insuffisantes, vouées à la ruine.

Hélas! mon cher Camarade, jetez les yeux

autour de vous. Ne voyez-vous pas l'opposition grandissante, de plus en plus avouée que suscite, parmi les dirigeants de l'Entente, le programme Wilson ! Déjà, menaçantes, angoissantes, se multiplient les réserves, les exceptions, les taches, à ces commandements ni nobles, si féconds pour l'avenir, *si pratiques*. La justice universelle, la délivrance de l'humanité, le respect des peuples, l'a-t-on crié et fait crier ! Et maintenant, on perçoit — par hasard — à travers l'odieux et malsain silence où on est enseveli, qu'il s'agit de rien moins que de tout cela. Il s'agit de dépecer et d'annihiler des peuples, de prendre le plus de butin possible, et la grande difficulté est d'ajuster trop d'ardentes convoitises. Il s'agit des colonies allemandes, de la rive gauche du Rhin et de l'hégémonie de l'Angleterre sur les mers, atteinte sanglante à la liberté des peuples qui, à elle seule, détruit l'idéal de justice universelle et dont M. Clémenceau a osé, en pleine Chambre française, se faire l'avocat, et tout ce que nous saurons plus tard, trop tard ! En vérité, les nations de proie sont en train de changer de noms.

L'opinion publique, qui est myope et animale, et s'en réfère grossièrement aux dirigeants, exulte de joie et de gloire parce qu'on lui montre des ménageries bariolées de canons, place de la Concorde, et des rois dans des voitures présidentielles; elle acclame Wilson sans savoir ce que c'est; elle adore le président du Conseil à cause de ses paroles sonores, de sa courte vue et de sa brutalité. Peu lui importe qu'on ait supprimé l'impérialisme allemand pour faire comme lui, peu lui chaut que la reconstitution vicieuse de l'ordre des choses amène tôt ou tard des hécatombes nouvelles : son imagination — fabriquée avec les journaux qu'elle lit — ne va pas jusque-là.

Actuellement, le rôle des consciences justes et clairvoyantes est de s'élever contre la duplicité d'en haut et l'enivrement d'en bas, de crier que la victoire ne doit pas changer la forme de la vérité ni la droiture du droit. Actuellement, le rôle de ceux qui prétendent étayer l'avenir sur des « garanties éternelles » doit être un rôle de protestation indignée et d'opposition.

Croyez-vous que la Ligue Bourgeois prenne cette attitude? Le pourra-t-elle? Le voudrat-elle? Et alors, que fera-t-elle qui ne soit que faux symboles suscitant de fausses espérances, pires qu'une œuvre vaine?

La Ligue dont nous avons jeté les bases n'a pas, en effet, un comité composé de personnalités illustres prises un peu partout. Elle ne va que dans un sens, mais c'est le sens du peuple et c'est le seul où il faut aller pour avoir raison en matière de justice universelle.

Si jamais, mon cher Camarade, la grande paix future des peuples s'accomplit, ce sera par le peuple lui-même et non par des cardinaux, des académiciens et tout un choix varié d'hommes d'État, si vénérables qu'ils puissent paraître.

Cette lettre est déjà trop longue pour que je développe toutes les raisons qui font que la Ligue française pour la Société universelle des nations libres est toute autre chose qu'une sorte de concurrence inopportune à sa prestigieuse aînée. Le souci de répondre loyalement à votre question loyale et, je me permets de le dire, fraternelle, ne m'a fait que trop longuement insister sur les raisons essentielles qui rendaient sa venue nécessaire et aussi, en vous répondant, j'ai conscience de répondre à beaucoup de camarades. Je voudrais cependant dire encore ceci sur notre orientation à gauche : il y a dans trop de milieux une hostilité injustifiée contre les socialistes. Exception faite pour quelques éléments d'une timidité coupable et d'un opportunisme néfaste, j'aime ces hommes qui sont conséquents avec eux-mêmes, qui comprennent que tout s'enchaîne étroitement, les abus comme les progrès, qui apportent avec eux une logique et une clarté de conscience intransigeantes et qui, à l'écart des calculs, des machinations et des affaires, ne quittent pas des yeux l'intérêt de la multitude. Dans le déchaînement rapace des impérialismes, les vrais socialistes ont sauvé autant qu'ils ont pu l'honneur de l'idéal en attendant qu'ils aient la force de l'imposer, et s'il n'y avait pas ce parti, les honnêtes gens et les justes n'auraient plus, à des époques comme celle que nous traversons, qu'à s'exiler dans la honte et dans le découragement.

Croyez, mon cher Camarade, à mes sentiments les meilleurs.

LE PAYS, *8 Janvier 1919.*

A GABRIELE D'ANNUNZIO

Mon cher Maître,

Nous vous avons admiré, nous vous admirons encore, pour la magnificence de votre œuvre de poète. Vous avez été le magicien d'incomparables cités de rêve, l'évocateur qui ressuscite la richesse de civilisations disparues et qui ressuscite aussi aux yeux des profanes qui ne savent pas voir, la beauté de la vie. A votre voix nous avons vu se dresser la gloire colorée des cités, et le passé dans le présent, et les fêtes et les spasmes du cœur humain, et la forme divine de la femme. Ceux qui ont connu vos poèmes sont comme des pèlerins ; ils ont thésaurisé des souvenirs qu'ils n'oublieront pas sans impiété.

Voici qu'après le cataclysme qui, pendant quatre ans, a défiguré l'Europe par régions

entières, et l'a peuplée de vingt millions de
morts, votre voix s'élève à nouveau, et votre
lyrisme se répand dans cette brochure que l'on
reçoit « de la part du lieutenant-colonel Gabriele
d'Annunzio ».

Est ce la même voix ? Je ne sais. Il y a là des
accents et des envolées, dont il semble qu'on se
souvienne. Mais aujourd'hui votre chant n'a
pas de beauté, votre éloquence sonne faux.
Quand vous parlez de la vie et de la mort, votre
brillante exaltation a quelque chose d'artificiel
et s'arme de clinquant. On retrouve à peine
dans le déclamateur appauvri les restes du
génie lumineux et fort dont nous adorions les
œuvres.

Pourquoi ? Parce que votre voix, mon cher
maître, votre voix qui s'harmonisait naguère au
pathétique des vastes visions, aux frissons des
entrailles, à tout le drame de la réalité vivante,
n'est pas en accord avec l'importance du drame,
infiniment vivant, lui aussi, dont le monde est
aujourd'hui le théâtre, qu'elle ne correspond
plus à la grandeur de la douleur, de la misère
et de l'espérance universelles. Les mots et les
rythmes vous obéissaient infailliblement alors
que, dans votre cœur et dans votre esprit, la
beauté était la même chose que la vérité ; aujour-
d'hui, il y a entre vos chants et la vérité palpitante une discordance qui vous rapetisse.

Tandis que vous enflez votre voix pour
essayer de donner à la mêlée sanglante des
races une splendeur qu'elle n'a pas, pour res-
susciter et parer un idéal militaire que la guerre
a condamné et tué ; tandis que les conséquences
formidables du conflit suprême se réduisent
pour vous à des questions de partage de butin
et de bornage de propriétés, tandis que vous
cherchez laborieusement, pour défendre votre
thèse impérialiste, des accents tragi-comiques
où votre noble inspiration se débat avec maladresse, l'univers humain est en train de changer
tout entier d'âme et de volonté. Cet immense
événement vous échappe, et c'est pour cela que
votre lyrisme sonne creux.

O enchanteur, ô prophète, vous ne voyez
donc pas que le peuple de la terre totale se met
à remonter au jour comme un peuple de noyés,
que l'ère de la servitude est close et qu'une
autre commence, que la plus grande des forces
gronde, s'agite, tâtonne et cherche de nouvelles
assises, et qu'il s'agit de choses beaucoup plus
hautes, plus profondes et — malgré les appa-
rences — plus urgentes que celles où s'ingé-
nie, s'acharne et s'exaspère votre verve militariste! Demain, bientôt, plus tôt peut-être que
nous ne le croyons, nous qui y croyons, il va
s'accomplir d'immenses bouleversements justes
auxquels l'incompréhension béate des pouvoirs

donnera peut-être les formes de la tempête.

Nous vous admirons toujours, je vous l'ai dit, car rien n'empêchera que vous ayez été le plus somptueux héraut du génie latin. Nous admirons l'Italie, lumière des siècles, paradis terrestre où la beauté antique est née une seconde fois il y a quatre cents ans. Mais il n'y a pas ici-bas, comme vous le croyez, qu'une cause italienne, pas plus qu'il n'y a qu'une cause française, ou qu'une cause latine. Il y a les hommes ; et les intérêts des hommes sont contraires à la lutte des intérêts nationaux. Il y a les multitudes qui, depuis le commencement des temps jusqu'au jour où nous sommes, ont été esclaves, et qui, nonobstant tous les sophismes de langage, faisaient la guerre dont d'autres profitaient. L'histoire a été pétrie d'un bout à l'autre avec du sang innocent ; ce fut une suite terrible, inexpiable, impardonnable, d'injustices et de crimes, à cause de cet esclavage. Mais quels que soient le passé et ses lois, le jour approche où la justice régnera pour les pauvres, pour tous les pauvres, et par eux. La vague venue du nord ne s'endiguera jamais plus. Si on essaye de la refouler, elle débordera peut-être en excès, mais elle ne s'endiguera jamais plus. Ni les interprétations officielles à travers lesquelles on nous cache l'image de la vérité en marche, ni les armées de volontaires et de spadassins, ni ces quelques sorciers ridicules qui brandissent l'épouvantail de mots fatidiques, ni les incantations surannées des pompiers de la littérature, n'éteindront le volcan qui a frémi, ni le tremblement de terre. La multitude a maintenant ouvert les yeux, elle voit sa place au soleil, elle la veut, et elle a raison. Bien au-dessus des discussions insolubles, des ratiocinations byzantines, des compromis provisoires et de toute cette géométrie géographique de frontières qui tend à reconstituer le passé, et le reconstituera un jour, le temps approche où il n'y aura plus qu'une seule patrie temporelle comme il n'y avait qu'un seul Dieu, car trop de regards discernent enfin que tout le reste est schisme, vol et assassinat.

Telle est la tragédie mondiale, dont le développement ne dépend plus désormais des conducteurs de peuples ni même des pasteurs d'âmes, la tragédie à l'écart de laquelle, contre laquelle, vous vous placez délibérément, en vous imaginant peut-être que vous allez au plus pressé !

Je sais bien qu'il y a les autres, les autres qui essayent de prendre tout ce qu'ils peuvent. Certes, on ne peut nous donner acte que tous les dirigeants actuels sont animés d'un funeste esprit d'erreur qui pousse aux abîmes leur groupe discuteur et doré. Mais le rôle d'une grande voix comme la vôtre eût été de s'élever contre les exactions, et non de faire chorus avec les exacteurs en vous chicanant avec eux sur des détails.

On parle de duperie, de promesses faites à l'Italie et non tenues. Soit. Mais je le répète, une grande question domine les petites questions et les fantaisies diplomatiques. Oui, il y a eu tromperie et duperie — c'est celle dont on s'est rendu coupable envers les peuples pour les faire marcher à la tuerie. On les a éblouis et fait résonner de force avec les mots de justice et de droit, de libération universelle, de guerre définitive à la guerre. Cet idéal était à la mesure de l'humanité; sa conquête n'était disproportionnée avec aucun sacrifice. Mais il s'agit bien de cela maintenant! Les Aveugles, dont vous, poète tribun, vous vous faites complice, n'invoquent plus la paix universelle que pour l'asservir à leur profit : ils ne se servent des grandes vérités que pour garantir leurs prises en possession, et refaire l'anarchie mondiale d'avant, pleine de la certitude de nouvelles exterminations. Besogne éphémère pour le moins que celle où vous vous efforcez avec tant d'ardeur de prendre votre part de responsabilité morale! Celui qui aujourd'hui ne voit, obstinément, étroitement, que la seule cause de son peuple envers et contre tous, le trahit, car il travaille aux massacres où ce peuple retombera pêle-mêle avec les autres.

Un seul dirigeant s'est trouvé pour juger plus clair. Un seul a essayé de maintenir en travers des appétits grossiers des vainqueurs, des principes solides parce qu'ils sont ceux de la raison et de la morale. Il a entrevu les sommets de l'ordre futur (non le monument tout entier, parce que celui-ci ne tiendra que s'il sort du peuple lui-même). Cet homme est le seul qui, après la guerre, aura droit à la reconnaissance des hommes ; et c'est ce voyant dont « les lorgnons » sont pour vous un sujet de sarcasmes qui seraient indignes même d'un médiocre poète !

L'écrivain, le penseur, le guide doit voir plus loin que les prétendus avantages immédiats, mon cher maître, et plus loin que les temps présents. Par delà la complication des démarcations illusoires que l'orage emportera, il doit se saisir de la plus noble et de la plus vaste des causes, celle des pauvres et des souffrants, celle des millions de soldats et des milliards d'hommes qui, quelle que soit la teinte de leur uniforme, le son de leur langage et le coin de terre où ils souffrent, savent désormais qu'il y a entre eux tous une effrayante ressemblance.

LE POPULAIRE, *1er Avril 1919.*

LE GROUPE « CLARTÉ »

Des écrivains et des artistes, répondant aux vœux ardents de quelques-uns d'entre eux, et à leur grand devoir d'éducateurs et de guides, ont résolu de se grouper pour exercer une action sociale.

Ces écrivains, qui me confèrent l'honneur de faire connaître leur décision, forment une admirable élite ; et ce n'est pas sans une joie et une émotion profondes que je prends la parole en leur nom. Leur union représente une force morale considérable, leurs œuvres leur ont fait d'innombrables amis attentifs ; c'est une large et émouvante influence qu'ils mettent au service du progrès des idées.

En venant se ranger côte à côte, ils n'abdiquent rien de leur indépendance de pensée, de leur personnalité littéraire, de leurs tempéraments artistiques magnifiquement divers. Mais ils sont d'accord sur les principes essentiels d'une

nette et claire doctrine : celle de l'affranchissement des hommes.

Ils ont un même respect de la vie, une même
foi dans le principe de Justice. Ils croient que
la cause des plus nobles idées morales et des
plus éclatantes évidences s'incarne dans celle de
tous les opprimés, de tous les pauvres, de tous
les hommes. Ils croient que tous les progrès,
comme tous les abus, se tiennent, se nécessitent
l'un l'autre sans fin, et que voir loin c'est voir
juste. Ils n'ont pas peur d'envisager les événements ou les idées, pour les contrôler, pour les
diriger, jusqu'à leurs extrêmes conséquences ;
ils n'ont pas peur des hardiesses de la raison ni
de la violence de la vérité.

L'esprit nouveau de libération, de désobéissance aux vieilles lois barbares, qui frémit et
s'agite sur toute la terre, la sûre et profonde
poussée populaire, qui monte pour régner un
jour et changer la face de la Société, ont été
créés par les penseurs. Les ouvriers de l'intelligence veulent, comme ils le doivent, prendre
leur part de travailleurs dans cette définitive
renaissance humaine dont on peut tout attendre,
et qui est simple et juste. Elle n'est encore par
places qu'une belle lueur ou qu'un grand souffle ;
elle est encore, en bien des points du monde,
à travers des grondements de colère et de révolte,.
obscurcie ou persécutée, ou fanatisée, exposée à

de lugubres va-et-vient d'excès et de reculs.
Après s'être reconnus les uns les autres et
rejoints fraternellement, après avoir mis en
commun leurs aspirations hier encore éparses,
les intellectuels veulent se tourner ensemble vers
les multitudes vivantes, pour les encourager,
les instruire, les défendre et les unir; bâtir un
avenir meilleur avec elles et par elles.

Ils savent que tout progrès intégralement
démocratique est désormais ici-bas le seul qui
soit solide. La guerre a fait apparaître l'abîme
où nous allions, et où nous allons encore. Les
anciens principes d'oppression, d'autocratie, de
privilèges et d'impérialisme — qui ne tiennent
plus que par l'argent — ont donné leurs preuves
de malfaisance; ils donneront demain leurs
preuves d'impuissance, avec leur moralité provisoire qui s'adapte aux appétits, leur droit qui
se fausse comme une arme, leur courte vue et
leur mépris de l'avenir. Tôt ou tard les mêmes
causes produisent les mêmes efforts, malgré les
déguisements des mots et des choses. C'est une
question de vie et de mort pour le genre humain
que pose l'antagonisme, irrémissiblement déclan-
ché, de l'ordre nouveau et des forces du passé.

Dans cette lutte pour l'équitable et splendide
avenir dont nul citoyen, et surtout nul artiste,
ne peut plus se désintéresser, nos camarades
qui n'étaient naguère que tirailleurs isolés ou

observateurs détachés, apportent d'un seul coup et dans le même sens, leurs ferveurs et **leurs énergies.**

Ce n'est pas tout. Serviteurs de l'idée républicaine dans toute sa profonde douceur humaine et dans toute son ampleur mondiale, les écrivains français qui se groupent aujourd'hui estiment qu'ils ont besoin du concours des écrivains et des penseurs des autres pays ; ils leur tendent les mains et appellent l'Internationale de la pensée, parallèle à l'Internationale des peuples.

En agissant ainsi, ils sont plus patriotes que les chauvins. Détenteurs pour une part d'un génie national, que beaucoup d'entre eux ont contribué à faire rayonner, et qui d'ailleurs avait toujours jusqu'ici servi les nobles entreprises, ils savent que le bien de chacun — individu ou nation — est lié au bien de tous. Celui-là honore son pays, qui crie que la cause des souffrants et des sacrifiés ne se renferme pas dans des lignes géographiques, que la vérité n'a pas de dimensions ni de bornes. La justice ne se trompe nulle part, et l'idéal s'embellit en s'agrandissant.

Tel est le sens de l'idée qui a déterminé la coalition scellée entre les écrivains de ce groupe nouveau. Cet engagement pris par des travailleurs de l'esprit vis-à-vis d'eux-mêmes et vis-à-vis des autres vient à son heure. Il a une importance morale qui n'échappera à personne. La ligue, la famille des esprits libres, qui comprennent et qui aiment le bien public, est désormais fondée, permanence vigilante de la pensée. Elle prend conseils et exemple du maître le plus admiré et le plus vénéré des lettres françaises : Anatole France.

Elle se grossira sans cesse de bonnes volontés nouvelles sous la poussée des grands événements. Nous appelons amicalement tous nos camarades à nos côtés.

Les adhérents ont choisi pour le groupement, ainsi que pour la revue qui en sera le premier organe, le titre de « Clarté » afin d'indiquer que la mission qu'ils assument est de combattre les préjugés, les erreurs trop habilement entretenues et surtout, l'ignorance qui séparent et isolent les hommes et ont permis jusqu'ici de les jeter aveuglément les uns contre les autres.

La formidable puissance populaire qui se lève n'a plus besoin de personne aujourd'hui pour secouer ses chaînes. Le mouvement à la tête duquel nous nous plaçons délibérément s'accomplirait sans nous. La démocratie est invincible. Mais cette résurrection fatale de l'humanité s'épanouira d'une façon plus calme et plus belle si elle est éclairée par la pensée, si le monde est peuplé de consciences lucides en même temps que de volontés.

L'HUMANITÉ, *1er Mai 1919.*

LE SILENCE DES MORTS

A Me Marius Moutet, avocat.

Mon cher Maître,

Il me sera matériellement impossible de venir
déposer vendredi devant le tribunal correction-
nel et d'apporter à Alfred Dominique — que j
ne connais que par ses écrits, mais dont j'estime
le caractère et le talent — mon témoignage
sincère d'ancien soldat et d'homme de lettres.
Mais je pense qu'il m'est permis d'écrire ce que
j'aurais dit à la barre.

J'ai eu l'honneur d'être, par ma propre volonté,
simple soldat combattant. J'ai eu la joie, par
suite du hasard des circonstances, d'obtenir ma
première citation en sauvant la vie à des soldats
français, et d'avoir, dans d'autres cas, été volon-

tairement utile à mon unité. J'ai été évacué
trois fois et réformé n° 1 pour maladie contrac-
tée au front. Mes états de services si modestes
et qui s'effacent devant l'héroïsme magnifique
de tant de camarades, ne constituent certes pas
un mérite valable ; mais si je prends la liberté
de les rappeler, c'est que j'estime qu'ils me
confèrent le droit de dire que le vrai patriotisme
a horreur de celui qui sème la haine et la
guerre. Mes camarades du front, connus et
inconnus, qui ont fraternisé en grand nombre
avec moi, et ceux qui se tiennent autour de moi
par toute la France dans notre Association fraternelle, ne me démentiront pas, et, sans avoir
reçu mandat d'eux, simplement à cause de cette
fraternité et de cette ressemblance, je crois que
je dis ce qu'ils pensent: ils considèrent comme
des adversaires les hommes qui, à l'arrière,
font étalage de nationalisme.

Nous estimons, de plus, que ceux-là seuls que
le hasard a épargnés dans la guerre auraient,
jusqu'à une certaine mesure, le droit d'invoquer
sans mentir le témoignage et l'exemple de ces
morts qui, à la fin de leur vie, les avaient cou-
doyés ; mais nous préférons nous abstenir de ce
secours émouvant. La seule attitude convenable
est, à notre avis, d'apporter à leurs tombeaux,
comme dit un camarade, l'« impeccable silence ».
Du moins, si nous ne parlons pas en leur nom,

que personne n'ose le faire. Un père n'a aucune
raison morale d'utiliser la mort héroïque de son
fils pour faire reluire un prestige personnel,
pour détourner l'admiration sur lui-même, et à
plus forte raison, pour soutenir une doctrine
politico-commerciale qui, consciemment ou non,
aurait pour résultat de provoquer de nouveaux
massacres et de mener l'humanité aux abîmes.

La pudeur et le bon sens imposent la plus
expresse réserve à ceux qui n'ont pas payé de
leur personne et n'ont risqué dans la guerre que
la vie d'un autre, cet autre fût-il un enfant très
cher. Mais, je le répète, cette comédie de résurrection de cadavres devient particulièrement
impie quand elle consiste à les affubler d'ori-
peaux subversifs, et à faire parler à tort et à
travers leur éternel silence contre l'intérêt
sacré de tous. Si, dans une polémique, un
écrivain, membre du barreau, a fait remarquer
cela à un de ses collègues, il a eu raison. Et
quand bien même il y aurait des juges pour
estimer, par devers eux, que son opinion est
discutable, il n'y en aura certainement pas pour
juger que l'expression de cette opinion loyale et
nette doive être punie.

La liberté de parler et de penser a subi une
éclipse qui, nous le croyons, a dépassé son but
et desservi l'idéal républicain, et même le renom
universel de la France. Cette liberté est la pre-

mière de celles que nous, écrivains, nous voudrions recouvrer. Les forces intellectuelles françaises, poussées par l'ardente jeunesse, sont aujourd'hui de plus en plus nombreuses à prendre conscience des devoirs actifs que leur impose la sauvegarde de l'avenir. Imbue de l'idée démocratique et d'un patriotisme supérieur qui est conforme aux nobles traditions libérales de notre pays et aussi à ses intérêts les plus essentiels, cette élite agissante désire d'abord que le droit de discussion soit largement ouvert et que la sincérité honnète soit inattaquable.

Juin 1919.

VERS LES TEMPS NOUVEAUX[1]

Chers amis,

Je voudrais dire à la foule magnifique et fraternelle que vous formez ici quelle récompense est pour moi votre fête heureuse, combien je suis pénétré de l'hommage qu'il vous a plu de rendre aux idées et aux sentiments que votre généreuse amitié a, ce soir, personnifiés en moi.

Paul Désanges, Jean Longuet, Marcelle Capy, Henry-Marx, Han Ryner, Monette Thomas, Georges Pioch, Vaillant-Couturier, Ramsay Mac Donald, Buxton, Victor Cyril, je voudrais trouver dans mon cœur les paroles dignes de vous remercier pour avoir été l'expression de la sympathie de tous mes compagnons de lutte et

1. Discours prononcé au banquet offert à Henri Barbusse à la Salle des Sociétés Savantes, juin 1919.

pour avoir bien voulu mêler si intimement mon nom à la belle cause que vous avez l'habitude de servir.

Je suis fier de l'affection de mes frères et du jugement des miens. Jugement trop bienveillant mais qui ne m'en consacre pas moins, puisqu'il a toute votre importance. Vous tenez à voir, à travers ce que j'ai fait, ce que j'aurais voulu faire. La voix d'un écrivain ne prend toute sa réalité que par son écho. Je m'enorgueillis du succès que vous m'apportez en réalisant ma sincérité.

Et je veux dire à quel point il est flatteur pour moi d'être redevable de ce témoignage d'amitié à « La Forge » si vivante et si brillante, jeune peuple d'ouvriers de l'art dont on entend grandir le bruit de travail et de rythme, qui, aux moments les plus sombres, a donné un exemple réconfortant d'organisation et de renaissance lucide, et je veux saluer avec un affectueux respect votre forte jeunesse, et l'avenir brillant qui déborde de vous.

L'avenir importe plus que le présent, auquel il s'attache et dont il est le nom éternel. Nous nous tournons vers l'avenir dans la crise actuelle, de toute la résistance de nos volontés.

Mes chers amis, vous formez tous un ensemble trop divers, trop somptueux et trop libre pour que je me permette de parler ici en votre nom.

Mais ce n est pas dépasser les limites que d'évo
quer une croyance par laquelle nous sommes
unis.

Nous croyons au devoir qui incombe à ceux
qui savent penser, en ces graves jours où la
destinée nous a jetés ensemble, au milieu des
grandes conjonctures qui nous entourent et qui
nous poussent aux abîmes. *Ce devoir c'est de
nous occuper de la vérité et de la défendre,
comme le seul bienfait solide, comme le salut.*

Les écrivains, les artistes, ont toujours eu
pour rôle d'épier la grâce, le charme ou l'éclat
de la vérité. Mais où la vérité s'arrête-t-elle? Qui
limitera l'effort qu'il faut pour la gagner comme
on gagne sa vie? Ceux qui sont ici savent que
le rôle des travailleurs de l'esprit est d'aller la
chercher jusqu'à l'origine des longs événements,
jusqu'aux conditions de la vie commune des
hommes et à la conduite de leurs destinées. On
appelle cela l'action sociale. Quel que soit le
mot, — c'est là aujourd'hui notre mission!

L'heure n'est plus à cette vieille mode relé-
guant les créateurs et les esprits cultivés à
l'écart des intérêts essentiels; à cette morbide
indifférence de l'opinion publique qui, par
légèreté et faiblesse, baisse les yeux, détourne
impérieusement la tête devant ce qui chancelle
et ce qui se construit. Par réaction puérile
contre l'horreur dont on sort, on ne veut pas

voir celle où l'on entre. On cultive la faute et le vice d'oublier. Une trop grande partie du public se permet de demander au talent des distractions fantaisistes et anodines et de considérer les œuvres d'art comme des espèces de jeux qui lui sont dus. Des artistes se font les complices de ce détachement. Cette obscure et brutale inertie pèse d'un poids écrasant sur la marche des choses, et si passive qu'elle soit, elle est une opinion et elle est une arme.

Au delà des comédies et des drames qu'on effleure, au delà des échos et des reflets que nous prêtent les passants, et des instants qui passent, il y a le grand drame des idées, d'où viennent tous les autres. Il y a invisibles et tout puissants, les conflits des causes et l'enchaînement fatal des effets, les lois pathétiques des forces animées, les pesées des croyances. C'est jusque-là que beaucoup de nous ont essayé de hausser la peinture, et que tous doivent hausser leur attention.

Cette mêlée spirituelle et morale, cette mêlée surhumaine est, en réalité, si frémissante et si profonde qu'on peut dire que la vie contingente est abstraite à côté, car elle emporte, elle règle, et sacrifie tout.

Aujourd'hui nous la sentons se saisir de nous. Toutes les saintes multitudes opprimées se réveillent et s'agitent dans leurs vieux cadres universels. Les événements spacieux qui sortent des idées nous poussent et nous secouent. Nous voyons partout leur présence. On dirait qu'ils se dressent devant nous dans la rue, et frappent à nos portes. Les conséquences inéluctables des doctrines nous apparaissent, dans le trouble des temps, comme ces lettres de lumière apparurent au milieu du festin biblique, sur le mur des âges. Les signes de Baltazar étaient effrayants d'être mystérieux. Ceux-ci sont terribles parce qu'on sait ce qu'ils sont. Il n'est plus besoin de magiciens qui déchiffrent les énigmes, qui expliquent les songes. A l'heure où nous sommes, il suffit d'ouvrir sincèrement les yeux pour être un prophète, et l'homme le plus simple de cœur et d'esprit peut se dresser tout entier comme un apôtre, et vibrer comme une lyre !

La vérité morale et sociale s'adresse à chacun de nous comme si elle nous appelait par nos noms. La vie collective s'empare violemment de chacune des nôtres.

La sagesse individuelle est une duperie, si l'ensemble est folie. Tandis que l'artiste qui a peur de la vie s'enferme dans son décor particulier, théâtral et illusoire, tandis que des millions d'êtres, brillants ou obscurs, font à tâtons tout ce qu'ils peuvent pour être un peu plus heureux ici-bas, les raisons d'Etat, les

orages calculés et les fatalités antiques se
déploient, dépouillent, écrasent et massacrent.
Ils éteignent le génie, ou le bonheur qui est un
humble génie, ils dissipent les asiles des maisons comme des nuages, changent les pays en
des étendues où le soleil et le printemps
deviennent stériles, et peuplent les champs de
bataille des restes monstrueux des hommes.
Chacun est lié à tous par la paix, par la ruine,
l'iniquité et la tuerie.

Et pourtant, la victoire et la défaite des idées
toutes-puissantes dépend de la volonté des
hommes. C'est aux éducateurs et aux guides,
après avoir reconstitué leur propre famille
éparse partout, de leur montrer ce qui subsiste
dans ce bouleversement où des milliers d'années
de civilisation nous ont conduits, d'étape en
étape, et de malheur en malheur, et où il semble
maintenant que la terre palpite sous l'immense
piétinement vivant.

La pensée humaine se sépare par moitiés. Les
porteurs d'idées se divisent en deux masses :
ceux qui veulent un changement de l'ordre
social, ceux qui veulent ou acceptent le maintien de l'ordre ancien des choses. Toutes les
tendances qui se dessinent entre ces deux
extrêmes ne comptent pas, car elles aboutissent
en définitive soit à l'une soit à l'autre, *et rien*

de ce qui doit s'accomplir ne peut plus s'accomplir à demi. C'est dans cette suprême bataille idéale que les soldats de la pensée doivent entrer résolument pour montrer par les grands moyens artistiques jusqu'où peut aller le devoir d'être sincère, et la puissance d'avoir raison.

Avoir raison! Est-on jamais sûr d'avoir raison?...

N'éprouve-t-on pas un doute et une angoisse lorsqu'on avance et qu'on entraîne les siens à jamais dans cette lutte de la vie pour la vie?...

Mais nous voyons bien ce que le passé a fait du présent. Nous voyons toutes les erreurs, tous les sophismes qui ont pétri l'histoire sanglante; nous voyons l'œuvre de ces idées consacrées qui croulent devant l'interrogation claire de l'honnête homme. Nous ne pouvons plus croire aux traditions, qui ont perpétué l'artificiel et le factice, imprimé de force des séparations là où il n'y en avait pas, et qui sont parvenues à en effacer là où il en existe d'aussi profondes que nous-mêmes, et à donner des frontières à la vérité illimitée. Nous ne croyons plus aux formules cabalistiques de l'autorité, au pouvoir magique des affirmations transmises qui ont suffi jusqu'ici. Le monde, par la sinistre indifférence des hommes, et à cause de l'ignorance bestiale, a toujours marché selon des lois enfantines qui ont joué avec la vie.

Beaucoup de nous ne sont pas soutenus par des croyances surnaturelles, par ce mysticisme sauveur qui se dégage des grands livres de Tolstoï. La foi religieuse, restreinte à chacun, n'est plus entre les mains de quelques fidèles qu'une fleur coupée.

Mais nous avons tous le recours de la raison et de la conscience qui, avec des paroles humaines, parlent plus adorablement que la foi. La vérité est dans l'esprit des hommes. Nous croyons qu'il y a une certitude sociale.

Cette évidence est simple et lumineuse. Elle nous dit que le vrai et le bien sont exactement contraires aux doctrines qui ont régné jusqu'à nous, à toutes les formules de la civilisation contemporaine, à l'anarchie militariste et à l'utopie nationaliste, à l'organisation de l'exploitation des hommes par les hommes d'après le hasard des privilèges, aux despotismes de toutes sortes qui ont fait du passé un long martyre de la justice, réglementé l'épouvantable châtiment des humbles, et que pourtant, nous voyons encore renaître de leurs ruines!

L'amour et la pitié s'accordent avec la logique puisqu'il n'y a qu'une vérité. La cause du progrès se confond définitivement avec la cause de tous les hommes; le culte de la justice est explicite : la justice, ce mot qui signifie à la fois la loi morale, la loi rationnelle et la multitude vivante, ce mot animé, pantelant et exigeant, qui réclame et qui appelle à lui !

Nous ne voulons plus retomber dans le passé. Ecrivains, artistes, c'est-à-dire rêveurs doublés de travailleurs, nous prétendons apporter nos œuvres, quelles qu'elles soient, en harmonie avec l'œuvre universelle de libération, et regardons avec une joyeuse confiance éclore, après tant de siècles gaspillés, la puissance des faibles et la richesse des pauvres.

Les nôtres — au temps où la France représentait l'idée d'équité — ont prophétisé et préparé la transformation du vieux monde, la révolte contre la monstrueuse absurdité de ce qui a été, de ce qui nous a amenés tous, tous autant que nous sommes, après d'inutiles hécatombes, à une situation sans issue. Nous entendons participer à ce recommencement de l'humanité dont les signes brillent et éclatent partout. Nous entendons apporter infatigablement dans la mêlée mondiale du juste et de l'injuste la sage et grande mise au point des esprits libres ; accomplir tout ce qu'il est possible d'accomplir pour que les théories magnifiques descendent des nues ; pour que les bonnes volontés se changent en volontés et que le rêve s'incarne en labeur.

Nous que l'on n'ose déjà plus traiter de songe-

creux, parce que nous représentons la puissance
incendiaire de la vérité, mais qu'on ose encore
accuser de prêcher la haine parce que nous voulons abolir l'esclavage d'où tout le mal est venu,
nous entendons ajouter aux méditations pas-
sives d'Epictète la vertu d'agir et régler autant
qu'on le peut aujourd'hui la noble volonté de
Spartacus!

Nous souhaitons de prendre notre part à
tous les purs changements, si immenses qu'ils
soient!

Nous sommes le parti de la vérité. Quand
les hommes sauront, ils seront sauvés — et
après tant de blasphèmes officiels le droit sera
la force. Notre action, pour être efficace, n'a pas
besoin d'être autre chose qu'un enseignement
loyal et clair. Ce que nous voulons? Ceci, qui
est tout : nous multiplier. Le jour où nous serons
innombrables, ici et ailleurs, partout — car il
n'y a pas vraiment d'étrangers, — à nous tendre
les mains et à nous dire : « Nous avons le même
respect des vastes lois naturelles et le même
respect de la vie », ce jour-là, nous aurons
triomphé, nous aurons conjuré enfin les grands
malheurs qui sont toujours là. Beaucoup
de nous accompliront cette mission sacrée
ensemble, avec leur parole qui déjà est enten-
due au loin, honorés par les mêmes gratitudes,
honorés par les mêmes outrages, soutenus par

les grandes forces intérieures de l'émotion et
de la ferveur.

Mes chers amis, à l'époque si majestueuse où
il nous est donné de fraterniser, après cette
espèce de déluge, tout nous crie la nécessité de
nous unir encore et toujours, à condition que
ce soit pour la grande cause humaine et dans la
liberté d'un large idéal. Unissons-nous dans ce
que nous avons de plus précieux, et même si
nous ne possédons que notre foi et notre espérance, apportons-nous cela les uns aux autres.
Tous nos groupements, à cette lumière frisson-
nante, se complètent et se renforcent. Ils se
ressemblent et ils s'aiment. Et puisque cela doit
être bien fini des temps où l'art s'enorgueillis-
sait de pratiquer l'égoïsme sacré, tirait gloire
de se rétrécir et de s'emprisonner, fini de cette
apathie insensée où l'élite faisait le mal en le
laissant faire, sachons d'un commun élan faire
régner l'esprit à sa place au commencement de
ces temps nouveaux que nous devons tous
mériter.

CE QUE VEULENT
LES ANCIENS COMBATTANTS (¹)

Chers amis,

Je m'excuse de lire ce que j'aurais voulu vous dire. Malheureusement pour moi, assez malmené par une rechute de ma maladie de guerre, je ne suis pas assez sûr de mes forces pour me passer de l'aide un peu morne de l'écriture, et j'ai dû renoncer à ce contact direct de la parole libre que j'aurais aimé avoir avec vous.

Mais qu'importe ! J'ai voulu avant tout venir parmi vous, comme je suis venu au Congrès, pour répondre à l'appel de tous les camarades, travailleurs manuels et intellectuels, que

1. Discours prononcé au Congrès national de l'Association républicaine des Anciens Combattants (Lyon, 7 septembre 1919).

je compte ici, me mêler à la foule admirable et
sincère et vibrante des militants lyonnais avec
qui, de loin et depuis si longtemps, je frater-
nise, et qui hier, à la Bourse du travail, m'ont
si généreusement et si chaleureusement tendu
toutes leurs mains.

Vous que je connaissais sans vous connaître,
je vous salue de tout mon cœur. Nous avons une
âme commune,. et ce m'est une joie profonde et
émouvante de sentir retentir dans vos attentions
fraternelles les paroles, les pensées par lesquelles nous sommes tous unis.

Pourquoi ne sommes-nous pas plus nombreux
encore à penser les mêmes vérités si simples?...
Il semble aujourd'hui qu'il faille, pour être raisonnable, de l'audace et un esprit de révolte, et
que, dans le désordre des choses, le vrai sage
ait l'air d'une espèce de fou!

On se demande avec étonnement, et même
avec angoisse, comment il se fait que tous les
hommes, qui sont construits de la même façon,
qui ont des têtes semblables et des cerveaux
identiques, ne sont pas d'accord sur ces simpli-
cités-là, alors qu'ils sont toujours d'accord, au
fond et dans l'abstrait, sur les principes essentiels issus du bon sens et de la conscience. Parfois quelque évangéliste, quelque moraliste ou
poète, quelque sociologue, ont rendu sensibles
les mêmes sommets éclatants de la vérité, mais

tout cela retombe ensuite dans l'ombre et dans la ruine, comme les illuminations des nuits de guerre.

Pourtant les sociétés ne sont pas régies par des formules cabalistiques. Il n'est pas besoin d'être initié à je ne sais quelle science compliquée, d'être un technicien et un spécialiste pour comprendre les lois de justice, d'égalité, de travail obligatoire, de rétribution de chacun selon son seul mérite et la ressemblance familiale profonde des hommes entre eux, — qui devraient tout harmoniser, tout équilibrer et tout pacifier.

Il n'est pas difficile de voir la vérité morale et sociale — non, ce n'est pas cela qui est dif-. ficile.

Il n'est pas difficile de se rendre compte, dès qu'on considère la situation de l'ensemble formidable des vivants, que ce qui est la force même — c'est-à-dire la masse des hommes — est réduit à l'esclavage et qu'il y a là une absurdité fondamentale.

<h3 style="text-align:center">LES MULTITUDES OPPRIMÉES ET SERVILES.</h3>

Il en a toujours été ainsi jusqu'ici. Si nous regardons en arrière, aussi loin que remontent les annales écrites des hommes, parmi soixante siècles d'histoire, nous voyons des multitudes soumises au pouvoir de quelques-uns, opprimées, étouffées ou jetées les unes contre les autres pour servir les desseins de ces grands conducteurs, et produisant avec toule leur vie, ou avec leur mort, au profil de ces hommes ou de ces classes destruclrices et non à leur propre profil, de la prospérité, du bouheur ou de la gloire.

Je sais bien qu'il y a eu au cours des temps des libérations partielles, mais elles ont seulement élargi le cercle des oppresseurs de foules. Je sais bien que l'esclavage a changé de noms; mais sous le travestissement des mots, la chose subsiste. Un homme pris dans la masse ne compte pas plus aujourd'hui qu'au temps de l'antiquité et du moyen âge. Il n'a aucune part dans l'initiative, ni dans la direction, ni dans les avantages des grandes entreprises de la paix et des grandes affaires de la guerre qu'il accomplit pourtant de ses propres mains. Nous avons l'argument, effrayant et incontestable, des événements. Servons-nous-en, hélas! Hier, encore, trente millions d'hommes, impliqués comme des rouages dans une brusque situation de fait qui était amenée par les voies obscures de la haute diplomatie et du pouvoir mystérieux, ont massacré la moitié de leur masse vivante contre la volonté de leur cœur. Je dis : hier; et nous savons bien qu'aujourd'hui la guerre continue presque partout et que demain elle recommencera partout.

Les foules ne sont qu'une immense accumulation de nullités sociales. Les hommes ne sont que les zéros qu'on aligne à la droite d'un chiffre. C'est sur cette monstruosité incalculable, cette ineptie, cette folie, que toute la société est bâtie.

Les raisons pour lesquelles un pareil état de choses a pu se maintenir et se perpétuer, les raisons pour lesquelles la société humaine, depuis ses commencements, réalise d'absurdes et sanglants équilibres et est une sorte de machine qui fonctionne contre l'humanité, nous les connaissons.

Matériellement, elles consistent dans la force positive, implantée, que donne le pouvoir quel qu'il soit à ceux qui le détiennent, dans la puissance active de la richesse exclusivement accaparée par les oligarchies régnantes.

Moralement, elles consistent dans le prestige quasi surnaturel dont ont joui les porteurs de privilèges, dans les idées et les préjugés qu'ils ont imposés ; dans cette espèce d'animalité, paradoxalement dénommée bon sens, qui pousse l'homme en général à croire toujours ce qu'il a cru, à s'adonner à la croyance ambiante comme à un instinct borné, comme à un vice.

Elles consistent, en un mot, dans l'ignorance des milliards d'exploités, rétifs à se guérir de cette courte vue qui est la grande maladie spirituelle du genre humain, admettant les légendes traditionnelles par peur, parce qu'elles sont écrites ou parce qu'elles sont criées, courbant la tête par habitude, acceptant autant qu'on veut le prétexte pour la cause, laissant honteusement flatter leurs mauvaises inclinations, se laissant fanatiser par le clinquant et le bruit, se laissant engager, comme dans des croisades sacrées, dans ces gigantesques questions de boutiques que sont les nationalismes. Elles consistent dans la dispersion, dans l'isolement de chaque homme, de chacun de ces milliards d'atomes humains dont l'ensemble forme la vie pensante de la terre.

Vous vous rappelez, mes camarades de la guerre, lorsque nous étions dans les tranchées, combien nos mouvements ne nous appartenaient pas, perdus parmi les mouvements d'ensemble auxquels nous participions avec nos corps, avec nos êtres tout entiers et que pourtant nous ignorions. Cette séparation, cet emprisonnement de chacun n'est pas spécial à la guerre. Ce qui est vrai pour la misère et la déchéance militaires est vrai en général pour toute la misère populaire. En toutes circonstances, l'individu est muré, et tant qu'une conscience commune et qu'une même volonté n'armeront pas les hommes, l'homme ne comptera pas.

Le socialisme libérateur.

Mais nous arrivons à un moment où les choses vont changer. Elles ne peuvent plus changer que grandement.

Les bouleversements de la guerre ont fait apparaître à vif l'inanité des vieilles lois barbares, une conscience humaine s'est spacieusement réveillée, et vous en êtes les preuves vivantes.

Des peuples ont essayé — ils essaient encore de se libérer de l'injustice et de la corruption qui les écrasent, de soulever leurs chaînes, malgré la pesée qu'exerce sur eux le reste du monde.

Le socialisme, qui est né d'hier — et auquel on a sottement ou plutôt hypocritement reproché de n'avoir pas, dès son enfance, arrêté du jour au lendemain les antiques malheurs, — monte régulièrement — s'est-il arrêté un seul jour de grandir et de se préciser, à travers des scissions même, depuis qu'il est né? — et on voit bien que, par la seule loi du nombre, un jour il prendra tout.

Donc l'ignorance s'efface et la vérité se montre aux éternelles victimes, à la chair à outils, à la chair à canon et aux âmes mutilées, et, balayant les idoles, les erreurs et les sophismes, elle institue dans l'idéal un nouvel ordre qui est l'ordre même.

Nous sommes le Parti de l'ordre.

Notre idéal est un idéal d'ordre. Serrons-nous opiniâtrément autour de cette notion de l'ordre, qui est à nous, et qui n'est qu'à nous, ne le laissons pas accaparer par le camp ennemi, par les conservateurs, par les réactionnaires, les hommes du passé, pour qui « l'ordre » n'est que le maintien étouffant du désordre séculaire.

Elle sera enfin ordonnée, exempte de chimère et exempte d'anarchie, la société que nous entrevoyons : celle où seul le travail intellectuel ou manuel sera honoré et rémunéré, où seuls seront admis les bénéfices honnêtes de l'effort, car lorsqu'ils s'hypertrophient et qu'ils ne signifient plus production, mais spéculation, ce sont des délits et des crimes commis à l'égard de la foule ; celle où tous les privilèges seront enfin abolis et où régnera l'égalité ; celle qui vivifiera l'esprit nouveau qui est le véritable esprit social, c'est-à-dire l'esprit international.

Oui, la verité internationale est la vérité sociale complète et grande ouverte.

Il y a dans l'univers des intérêts strictement individuels, et puis il y a un grand intérêt commun à tous les hommes — et entre les deux les soi-disant intérêts nationaux apparaissent comme des abstractions, des fictions et des mysticismes. Il ne doit y avoir sur toute l'étendue habitée, que morcellent encore les frontières et les classes, qu'un seul peuple, et qu'une seule classe, celle des travailleurs.

Toute la beauté de l'avenir ne peut s'élever que sur cette base.

Cet idéal, ce but, sont peut-être lointains. Peut-être pas pourtant aussi difficiles, ni aussi longs à atteindre qu'on peut le supposer — car l'ancien état de choses marche rapidement, selon la logique du mal, à sa propre destruction, et descend chaque jour plus profondément dans d'insurmontables difficultés. Notre idéal, il faut partout et toujours l'avoir intégralement devant les yeux, dans l'esprit et dans le cœur. Il est la vérité. Il est, quoi qu'on vous dise, la contre-utopie. Il est tout-puissant, il est irrésistible, d'être rationnel et juste. Nous vaincrons un jour, non pas à cause de fétiches et d'idoles, mais parce que, au lieu de croire en des drapeaux, ces étiquettes commerciales et agressives, ces jouets monstrueux, nous lèverons les yeux au-dessus et nous nous guiderons sur la vérité.

Nous avons donc à combattre l'ignorance et le préjugé, qui se dissipent, mais sont encore lourds et tenaces dans la masse populaire.

A la place de ce qui est à édifier, se dresse ce qui est édifié; le *statu quo*, que défendent opiniâtrément les parasites qui en profitent et tous ceux qu'ils favorisent ou qu'ils paient. Mais le vieux système malfaisant n'a pas que ces défenseurs-là. Il a aussi, pour le protéger, les indifférents. Pénétrons-nous bien de cette vérité : *Celui qui ne travaille pas pour le changement travaille pour le mal régnant.* Une des propositions du groupe « Clarté » s'énonce ainsi : « Ceux qui ne font rien sont les militants du *statu quo* ».

Répétons cela pour régler une bonne fois l'argument que nous servent en bons apôtres les conservateurs, quand ils invoquent la solidarité. Pendant la guerre : « Unissons-nous pour le salut par la lutte à outrance et ne pensez plus pour le moment à vos intérêts individuels ». Après la guerre : « Unissons-nous pour le salut par le travail à outrance et ne pensez plus pour le moment à vos intérêts individuels. Pas de politique. Ne nous disputons pas ! » Comme nous le disions dans une affiche que la censure a interdite *cet appel à la modération est sinistre lorsqu'il est empoigné et brandi par les profiteurs et par les gardiens de prison !*

Mais l'obstacle le plus sûr au progrès, ce n'est pas l'opposition aveugle — au contraire — c'est la demi-mesure, c'est le procédé qu'exprime ce mot néfaste et ridicule : le replâtrage. C'est la concession locale et insuffisante, la fausse sagesse de l'opportunisme qui lâche la proie pour l'ombre, sacrifie le petit avantage parce qu'il est immédiat, au grand, le sophisme qui con-

siste à dire : « C'est toujours cela de pris. »
Attention!

N'oublions jamais que les abus dont nous
avons à nous débarrasser et qui nous tiennent
encore de toutes parts forment un réseau serré.
Il ne s'agit pas d'élaguer ce qui repoussera,
mais de déraciner. Du programme magnifique
que les hommes ne peuvent pas ne pas réaliser
un jour, aucune partie ne peut longtemps se
disjoindre. Autrement, on n'obtiendra que de
la parodie, de l'illusion et du mensonge.

Les « socialistes nationaux ».

Beaucoup de nos camarades, parfois bien
intentionnés, sont aveugles aux grandes conséquences des concessions. Un exemple entre
vingt : les « socialistes nationaux ».

Les mots jurent ensemble et fatalement leurs
réalisations contradictoires se heurteront. On ne
peut pas être un homme de liberté si on n'est
pas internationaliste. D'abord, en principe, on
ne peut pas imposer un arrêt artificiel avec des
bornes frontières et des palissades au senti-
ment de la solidarité et à l'idée de l'égalité; la
notion de justice ne comporte pas plus de barrières intérieures que l'espace n'a d'horizons
fixes; ensuite, en fait, les grandes réformes
ne peuvent être qu'internationales. Encore une

fois, il faut voir loin pour voir juste. Il faut raisonner à la fois dans le présent et dans l'avenir.

Construisons-nous, par la raison et la conscience, une croyance personnelle qui forme un ensemble, et alors nous serons forts pour juger autour de nous le poids des paroles et des écrits, et la signification des changements de décor. Et nous verrons bien que lorsqu'on met en question la suppression de tous les privilèges de naissance sans cesse ressuscités, la mise en commun des forces productrices, l'égalité absolue de l'enseignement pour tous et pour toutes, le pouvoir direct du grand nombre et l'internationalisme, on invoque une mise au point de sagesse et de réalités rationnelles et pratiques qui, répétons-le, se tiennent, se supposent, et ne peuvent pas aller l'une sans l'autre.

L'Association des Anciens Combattants.

Les idées dont je vous ai exposé les grandes lignes sont celles de l'Association républicaine des Anciens Combattants. Cet esprit, ces tendances, cette volonté, sont les siennes. Sans la nommer encore, je vous ai parler d'elle.

L'Association républicaine des Anciens Combattants a un but particulier et précis, et un but général *qui n'est pas moins précis*, et c'est

cela qui fait son importance et sa solidité profonde.

Elle s'occupe d'abord des intérêts des ex-com-
battants. Elle s'en est occupée autant, sinon
plus que toute autre. Les réparations sociales
qu'exigent ceux qui ont souffert de la guerre,
elle s'enorgueillit à juste titre d'avoir contribué
à en faire passer quelques-unes, autant qu'il
était encore possible, des promesses à la pratique. A un homme comme notre vice-président
Jamart on est en partie redevable des lois favo-
rables aux démobilisés — dans tout ce qu'elles
ont d'acceptable. Il n'a pas dépendu de nous
qu'elles ne fussent meilleures ; mais il dépendra
de nous qu'elles le deviennent.

Nous continuerons plus que jamais à réclamer
et à lutter avec les superbes forces vivantes
dont nous disposons : la compétence de nos tech-
niciens, le talent de nos magnifiques militants
tels que Raymond Lefebvre, Vaillant-Couturier,
Torrès, Noël Garnier, et l'habileté entraînante
des organisateurs de premier ordre qui ont fait
rayonner notre coalition formidablement paci-
fiste dans toute la France, en attendant le jour
proche où elle rayonnera dans le monde entier :
Tournay, Fargue, Lévi, Brousse, Georges Lévy,
Chaspoul, Meunier, de Rozan, Hanot, Tri-
mouille, Bouchilloux, et tant d'autres, et celui
dont le nom est ici dans toutes les bouches,

notre cher et admirable camarade **Branche**.
J'oublie beaucoup de noms, mais il n'est pas
possible de ne pas en oublier parmi les hommes
de courage et de valeur qui incarnent notre
cause et dont chacun donne tant de lui-même.

Mais l'Association républicaine est trop réalisatrice et pratique — et c'est surtout ce que je
veux démontrer — pour se contenter unique-
ment de provoquer et de défendre les revendications spéciales, professionnelles, des victimes
de la guerre. Elle sait que les avantages de cette
nature ne seraient jamais bien grands ou même
ne seraient qu'apparents, sans un ordre social
réellement démocratique, et alors, fidèle à sa mé-
thode claire et positive, elle veut cet ordre, et
puisqu'elle le veut, elle y travaille.

Pour un socialisme intransigeant.

L'Association républicaine des Anciens Combattants n'est pas un parti politique. Le parti
politique qui répond à ses conceptions existe
déjà. Nous ne prétendons pas agir concurrem-
ment à lui, mais lui apporter la force morale
que nous vaut le rôle que nous avons joué, et
aussi — c'est notre droit, c'est donc notre devoir
— l'aider, dans les périodes de schisme qu'il
peut traverser et où l'intoxication opportuniste
et même parfois nationaliste le divise et le me-

nace, à assurer l'intransigeance absolue et la pureté sans compromission de la doctrine. Survivants de la guerre, vainqueurs surtout de la mort, nous avons conquis, à défaut d'une gloire que nous dédaignons, une expérience dont la souffrance et la misère ont gravé à jamais la leçon dans nos cœurs.

Le bloc d'idées que notre Congrès national établit aujourd'hui en toute liberté, en dehors de toute préoccupation enfantine d'étiquette et de personnalité, nous voulons qu'il soit réalisé. C'est cette volonté qui guidera notre attitude dans la période électorale, phase, dont il est actuellement question, d'une lutte plus grande, car ce ne sont pas les escarmouches de l'automne prochain qui solutionneront tout ce qui est à solutionner.

En même temps, nous ferons appel à tous pour grossir nos rangs et étendre la masse vivante, la masse ardente de notre idéal en marche. Nous redoublerons d'énergie pour que tous les soldats conscients que la guerre a par hasard laissés vivre viennent les uns aux autres et se dressent encore une fois côte à côte. Et nous montrerons aux travailleurs épargnés par la tuerie et qui ont eu la chance de n'en rapporter que de la souffrance, aux paysans dont les frères et les fils ont formé le plus gros contingent de l'armée des cadavres, aux jeunes

gens, soldats futurs, aux femmes, créatrices de
massacreurs et de massacrés, qu'il n'y a pas de
sophisme pompeux ou de ridicules anathèmes
qui doivent les persuader que les privilèges,
l'emprisonnement de la caserne et les sacrifices humains sont des institutions auxquelles
les gens sensés ne doivent jamais laisser tou-
cher.

Les Anciens Combattants républicains et
internationalistes, qui tiennent aujourd'hui
leur Congrès national, seront de plus en plus
nombreux à sortir de l'ombre et de tous les
coins de l'univers, et l'année prochaine ils tien-
dront leur congrès international. Ceux qui ne
furent que des instruments alors qu'il ne leur
était pas permis de penser sauront montrer à
une opinion encore trop confuse et incertaine
que, contrairement à l'imprécation du poète,
dans ce monde-ci l'action peut être la sœur du
grand rêve.

Mes camarades de l'Association républicaine,
lorsque, ici même, à l'inoubliable séance de cet
après-midi, vous avez crié tous ensemble votre
volonté de l'Internationale des Combattants, et
en avez, avec une précision magnifique, déterminé les voies ; à ce moment grandiose où
l'émotion nous étreignait, où, hors de toutes vos
poitrines, la sublime prière de l'Internationale
s'est déchaînée, — si éclairés et si conscients

que vous êtes, vous doutiez-vous de tout ce que vous réalisiez? Quelqu'un disait alors, à côté de moi : « C'est le Serment du Jeu de Paume ». Oui, le frisson des époques sacrées était revenu sur la terre. Mais ce n'est pas assez dire. Dans la séance historique d'aujourd'hui, vous avez décidé et commencé à bâtir une œuvre qui changera toute la face des choses, et vous avez consacré une conquête plus grande que celle de la Révolution française.

LA RÉVOLUTION.

Un mot encore : On parle de révolution. On nous accuse de prêcher la violence.

Entendons-nous et mettons les choses au point.

C'est par un acte de raison, de calme, de pure et de pratique raison que nous mesurons nettement le contraste qu'il y a entre ce qui est, et ce qui doit être.

Celui qui dit simplement : « Il faut que chacun occupe sa place au soleil », ou bien : « Le travail est seul valable », ce sage, ce modéré, émet en réalité la proposition la plus subversive, la plus bouleversante qui soit, dans la société actuelle, si on donne honnêtement leur sens aux mots. La vérité est révolutionnaire.

L'emploi de la violence dans la réalisation de

la justice ne fait pas, en principe, partie de notre idéal, puisque la violence ne fait pas partie de nos arguments.

Mais on est bien forcé de constater que les classes dirigeantes ne veulent pas comprendre l'immensité du droit de la multitude, ne veulent pas discerner l'urgence des changements nécessaires, qu'elles se cantonnent dans une attitude d'opposition forcenée et de haine, en abusant du pouvoir qu'elles étreignent encore, et en tendant des promesses comme des pièges. Le peuple du monde n'oubliera jamais la complicité honteuse et sournoise des gouvernants prétendus libéraux dans l'assassinat de la république hongroise et dans les tentatives d'assassinat de la république russe, et tant d'autres attentats contre la liberté qui retombent sur tous.

C'est Gœthe, je crois, qui a dit : « Plus je réfléchis, plus je constate que ce ne sont pas les peuples qui font les révolutions, ce sont leurs gouvernements. »

En toute conscience, en toute énergie, nous accusons et dénonçons d'avance les contre-révolutionnaires féroces, cyniques, prêts à tout, *et qui ont déjà commencé.*

Mais, quels que soient les événements qu'on peut prévoir, grâce à la haine irréductible des bourreaux contre les victimes, nous devons faire la révolution de suite, et complète, dans les esprits. Et alors il faudra que tout change de fond en comble, d'une façon ou d'une autre. Les peuples, c'est-à-dire nous tous, Français et soi-disant étrangers, nous tous les hommes, nous en avons assez d'être exploités et massacrés pour des raisons fumeuses et insensées ou pour des raisons basses ; nous savons par quelles règles générales et communes, nobles et équitables, nous ne le serons plus. La mensongère moralité des nationalistes et des réactionnaires doit être détruite, et, comme nous le disions récemment au nom de « Clarté », ce qui est en haut doit être abaissé, ce qui est en bas doit être élevé. La société humaine doit se retourner totalement, et ce sera enfin le monde à l'endroit.

LE CONGRÈS NATIONAL DE L'A. R. A. C.

Le Congrès national de l'Association républicaine des Anciens Combattants, qui a tenu ses assises à Lyon les 6, 7 et 8 septembre, a été une formidable manifestation en faveur de la cause de l'affranchissement populaire et de la fraternité organisée.

Ceux de nos camarades qui ont assisté à ces magnifiques séances garderont un souvenir ineffaçable de la volonté éclairée et de la foi ardente avec lesquelles de grandes décisions ont été prises.

Celle qui domine et caractérise toutes les autres, fut relative à la création de l'Internationale des Anciens Combattants. Après un admirable exposé des motifs fait par Vaillant-Couturier, et la lecture du plan d'organisation de cette Internationale, par le camarade Hanot, rapporteur de la Commission, l'assemblée a

voté par acclamations l'idée et l'immense plan
d'exécution pratique de l'union universelle de
ceux qui, hier, se traquaient comme des bêtes
sur les champs de bataille.

Le souffle de l'Internationale a animé et fait
frémir tous les débats du Congrès, et à la séance
de clôture, au milieu d'une émotion religieuse,
tous nos camarades ont écouté, debout, avant
de l'adopter en un seul cri d'enthousiasme,
l'ordre du jour suivant, que la Commission de
l'Internationale m'avait demandé de rédiger,
conformément aux décisions prises par le Congrès à la séance de la veille :

Le Congrès national de l'Association Républicaine des
Anciens Combattants où trois cents sections composées
d'anciens combattants, de mutilés, de prisonniers d'hier,
de veuves et de femmes en deuil de la guerre, étaient
représentés, a, dans sa séance du 7 septembre 1919, voté
par d'unanimes acclamations le principe et la réglemen-
tation organique de l'Internationale des Anciens Combattants.

Après avoir pris cette décision, les soldats français
survivants de la grande guerre, qui ont tenu des armes
et dont beaucoup portent sur eux des cicatrices et des
décorations, se sont levés d'un seul élan et ont entonné
l'Internationale comme un cantique.

L'Association Républicaine des Anciens Combattants,
consciente de la gravité utile de son geste, que comman-
dait à la fois le souci de l'intérêt général et de la loi
morale, la double exigence de la raison et de l'amour,
et résolue à bâtir sans tarder une réalité positive, se

tourne vers les anciens combattants étrangers, en com-
mençant par les anciens combattants allemands, leur
annonce directement sa décision et leur demande d'entrer en rapports immédiats avec la Commission permanente qu'elle vient d'instituer pour organiser aussitôt
que possible un Congrès International des Anciens Combattants.

Il n'est pas besoin de commenter ce document. On n'y verra pas seulement l'expression
d'une volonté invincible émise par ceux-là
mêmes qui ont payé de leur personne et qui
pourraient garder de la haine s'il devait y en
avoir au regard de la raison et de la conscience.
Il se dégage aussi de la résolution prise un sens
pratique et réalisateur qui n'est peut-être pas
moins impressionnant. Il ne s'agit plus, maintenant, de paroles et de vœux. Le rêve n'est
pas resté dans les nues où habite l'imagination
des utopistes. Il est descendu sur la terre.

Par ces résolutions, le Congrès a montré une
haute notion du devoir humain et chacun en
avait conscience. On a senti passer à Lyon durant ces journées, nous le constations d'autre
part, le frisson des grandes journées de 1789.
On entrevoyait que la fin du long martyre des
peuples se réaliserait un jour par le peuple, et
on ne se trompait pas.

Elles furent toutes imprégnées de cet idéal,
les grandioses manifestations qui, dans les

intervalles des séances ont réuni en une même volonté agissante, en une même joie puissante, en un même espoir triomphant, à la salle Zola, à la Bourse du Travail, au cirque Rancy, les militants lyonnais et les camarades venus de tous les points de la France.

Au meeting du cirque Rancy, six mille personnes, en un indescriptible sursaut, à la suite des discours de Vaillant-Couturier, de Georges Lévy, de Noël Garnier, de Marianne Rauze, de Raymond Lefebvre et de Torrès, ont acclamé une cause à laquelle elles ont généreusement mêlé mon nom. Nos vieux camarades de Lyon nous disaient qu'on n'avait pas vu un si formidable enthousiasme, dans ce centre où la vie démocratique est pourtant si ardente, depuis plus de vingt ans.

Le Congrès, magistralement organisé sur place par les camarades de la Fédération du Rhône de l'A. R. A. C. groupés autour de Branche, et magistralement géré, si je puis dire, par notre cher secrétaire général du Comité Central, Fernand Tournay, a, de plus, réorganisé pour les maintenir au niveau de l'extraordinaire développement pris par l'A. R. A. C., tous les services techniques d'aide professionnelle aux mutilés, démobilisés, veuves et orphelins pour lesquels l'Association s'enorgueillit d'avoir utilement travaillé depuis sa création, ainsi que sa propagande centrale et régionale, son journal, etc.

Le Congrès a, enfin, déterminé les grandes lignes de son programme politique et décidé la nature et l'étendue de sa participation à l'action électorale.

Les principes qu'il a fait siens, les motions qu'il a adoptées, ne peuvent être énumérés et commentés dans le cadre de cet article. Je dirai seulement qu'un important principe s'est expressément affirmé au Congrès de Lyon ; on peut le résumer ainsi :

L'A. R. A. C. fait de la politique parce qu'elle estime que les revendications spéciales, individuelles, de ses membres ne peuvent être définitivement consacrées que par un ordre social effectivement démocratique, et aussi parce qu'elle pense que l'autorité morale des survivants de la guerre est une force qu'il convient d'utiliser en vue du bien public.

Mais l'A. R. A. C. n'est pas un parti. Etre un parti politique, c'est avoir un programme particulier, séparatiste, vis-à-vis des partis. Ce n'est pas le cas. Le parti politique chargé de réaliser l'ensemble des aspirations morales et sociales de l'A. R. A. C. existe déjà : c'est le parti socialiste. Que nos camarades du parti se persuadent donc de ce fait, que quelques-uns d'entre eux paraissent n'avoir pas suffisamment saisi : L'A.

R. A. C. ne saurait, en aucun cas, faire concurrence au Parti. Bien au contraire. Elle lui apporte le considérable appoint matériel et moral des ex-soldats, et des hommes et femmes qui ont souffert de la guerre, et lui confie l'exécution temporelle de l'idéal commun.

Elle met pourtant à cela une restriction sur laquelle elle se montrera intraitable : le Parti socialiste n'est pas homogène, et elle n'entend faire alliance qu'avec les hommes qui ont défendu sans défaillances ni concessions la pure doctrine socialiste. Elle prend place nettement à gauche, et, comme je le disais, en cette émouvante réunion de dimanche, à la salle Émile Zola, les hommes intransigeants qui la composent considèrent comme leur droit et par conséquent comme leur devoir de rappeler à l'ordre les membres ou les fractions du Parti qui se laissent atteindre par l'intoxication opportuniste.

L'HUMANITÉ, *11 Septembre 1919.*

NOUS ACCUSONS !...

J'accuse !... C'est par ce cri qu'en 1898 un honnête homme a attaqué les forces sociales formidables qui s'attachaient à déshonorer un innocent pour l'assassiner.

C'est par ce cri que d'honnêtes gens s'élèvent aujourd'hui du fond de leur conscience contre la réaction internationale qui, pour de monstrueuses raisons d'intérêt de classe, pour le salut de ses vieux privilèges barbares, a entrepris de déshonorer et d'assassiner, par la famine et par les armes, la grande république russe coupable d'avoir réalisé son rêve d'affranchissement.

NOUS ACCUSONS les dirigeants de la France, de l'Angleterre, de l'Amérique d'avoir — pour accomplir impunément, avec le sang et l'argent des peuples encore asservis, ce suprême effort antisocialiste et antihumain — créé une campagne abominable de calomnie vis-à-vis du bolchevisme, d'avoir empêché, par les moyens les plus vils et les plus arbitraires, la vérité de se répandre, d'avoir déformé et falsifié les faits (comme vis-à-vis d'un Dreyfus ou d'un Caillaux), d'avoir empoisonné l'opinion publique, afin de contraindre les masses populaires à s'acharner contre leur propre cause; d'avoir menti aux peuples pour pouvoir les trahir.

NOUS ACCUSONS le consortium international des impérialistes, des militaristes et des marchands d'avoir honteusement, au moyen de la voix vénale des grands journaux, présenté comme un régime de désordre une constitution intégralement socialiste. La loi organique de la République des Soviets en Russie existe, malgré tout, et chacun peut, maintenant, la lire. Elle est basée sur l'égalité et la loi du travail; elle institue la communauté des travailleurs russes et leur assure le pouvoir direct. Elle proclame l'internationalité des prolétariats. Quelles que soient les libres préférences de chacun, nous devons tous dire que non seulement ces principes fondamentaux ne sont pas contraires à la raison et à la justice, mais qu'aux yeux des hommes les plus sensés et les plus loyaux, ils apparaissent comme seuls susceptibles d'enrayer définitivement les deux fléaux que les théories de folie ont imposés jusqu'ici au genre humain : l'exploitation des multitudes et la guerre.

Et c'est justement à cause de cela, à cause de la valeur de vérité idéaliste et pratique et de rayonnement du bolchevisme, et non à cause de quelques mesures dictatoriales prises par les commissaires du peuple — conséquences transitoires et justifiées de toute révolution réalisatrice, — et non à cause de tels désordres dont les Alliés savent bien que les bolchevistes ne sont pas responsables, que nos maîtres — nos ennemis — ont entrepris le supplice et l'anéantissement de la Russie.

NOUS ACCUSONS les Alliés d'avoir travesti la vérité en ce qui concerne l'attitude des Russes au moment de la paix de Brest-Litowsk. Les Russes proposaient une paix pleinement démocratique, sans aucune arrière-pensée. Les Alliés ont refusé d'adhérer à cette proposition : ils auraient dû, pour cela, avouer leurs buts de guerre, qui étaient annexionnistes et inavouables. Ce ne sont donc pas les Russes, ce sont les dictateurs de la France et de l'Angleterre qui, dans ces circonstances comme dans d'autres, ont été des traîtres à la cause des peuples et de la paix, ont prolongé la guerre et décimé les

armées nationales ; comme ce sont eux qui ont
ensanglanté la révolution russe par leur féroce
opposition intéressée et l'aide hypocrite apportée
sans arrêt aux contre-révolutionnaires ; comme
ce sont eux qui, par l'organisation systématique
des massacres, de la ruine et de la famine, ont
amené en Russie une ère de catastrophes qu'ils
ont ensuite dénoncée comme la conséquence du
régime soviétique.

NOUS ACCUSONS les gouvernements bourgeois de l'Entente d'oser jeter les dernières ressources et les dernières forces des peuples, qu'ils
mènent, dans une cause ouvertement, cynique-
ment réactionnaire, que l'on ne peut sans dé-
loyauté qualifier autrement : celle de ces bou-
chers, de ces bandits, de ces tsaristes qui
s'appellent Koltchak et Denikine.

NOUS LES ACCUSONS d'avoir laissé des
armes, des cadres et des soldats innombrables
à l'Allemagne, de s'être fait les complices de
cette réorganisation militaire pleine de me-
naces de revanche, dans le but de mieux écraser les revendications populaires de Russie,
d'Allemagne et d'ailleurs, et d'avoir ainsi sacrifié, une fois de plus, la sécurité de la Patrie et
la paix future, à la haine de classe.

A un moment où la situation économique de
notre pays est presque irrémédiablement com-
promise, où la dette des Français atteint et **va**
dépasser le chiffre de toutes leurs ressources,où
les charges de la vie et des impôts vont dépasser
leurs forces, où aucune prophétie n'est assez
sombre pour dépeindre le gouffre où nous rou-
lons, nous accusons ces indignes représentants,
non des nations mais des castes, d'entreprendre,
pour sauver leur infâme formule sociale, pour
étouffer un exemple trop probant et trop lumineux, une guerre et un blocus qui coûtent des
milliards, entravent le commerce universel,
font des millions de victimes et susciteront
ensuite d'autres guerres. Nous les accusons de
précipiter la ruine de la France, tout en la
déshonorant.

Nous mettons notre espoir et notre foi dans
la vérité, résolus de ne pas assister au plus
grand crime de l'histoire sans faire tout ce que
nous pourrons pour le démasquer. Nous n'ad-
mettons pas qu'une seule conscience puisse
demeurer indifférente à tant de cynisme et de
duplicité. Nous prendrons toutes nos responsabilités civiques. Nous crierons la vérité : que le
peuple sache au moins contre quoi il marche
et qu'il finisse par comprendre que c'est contre
lui-même. Pour rester les maîtres des choses et

des hommes, les éternels exploiteurs utilisent
contre ceux qui remplissent, et plus largement
encore, le rôle des Français de 1793, la seule
force susceptible de faire échec à ces esclaves
rebelles devenus des justiciers : la multitude de
tous leurs frères.

Camarades, hommes, jeunes gens, femmes,
mères des martyrs futurs, anciens combattants,
qui portez au cœur la malédiction de la guerre,
travailleurs manuels et intellectuels qui avez
tous ici-bas — ne le voyez-vous pas — un intérêt
commun, Français attachés encore aux nobles
traditions libératrices françaises qu'on prétend
étouffer et souiller : en Russie, les soldats de
tous pays, les enfants et les femmes meurent
par monceaux! Ne restez pas plus longtemps, en
face de ces événements, dans l'ignorance grossière, dans l'effroyable aveuglement de l'égoïsme,
dans l'inertie, dans la honte. Refusez de vous
mettre du côté du despotisme et de la sauvagerie.

Sauvez la vérité humaine en sauvant la vérité
russe. Soyez sûrs que les générations futures
jugeront les honnêtes gens de la nôtre dans la
mesure où ils se seront levés en ce moment
pour crier : Non!

L'HUMANITÉ, *12 Octobre 1919.*

LA RÉVOLUTION RUSSE
ET LE DEVOIR DES TRAVAILLEURS [1]

Camarades,

J'ai répondu avec joie à l'appel que Frago m'a adressé de la part de votre grand syndicat.

Je suis heureux de me mêler à la foule des travailleurs éclairés, que je considère comme ma grande famille.

Je suis un travailleur comme vous ; si nous différons professionnellement, nous nous ressemblons intellectuellement. Nous sommes pareils par ce qu'il y a de plus important et de plus profond dans les hommes : la conscience, les idées et les espérances. Nous sommes la même espèce d'hommes. Lorsque je vous dis que je

1. Discours prononcé à un meeting organisé par le Syndicat des Terrassiers, salle de la Grange-aux-Belles, le 19 octobre 1919.

vous salue fraternellement, je donne à ces mots leur sens le plus large et le plus humain : ils signifient solidarité absolue et confiance totale.

Je suis heureux aussi et je suis fier de venir au milieu de vous pour vous parler de la révolution russe, pour m'unir avec vous dans la protestation indignée que doit arracher à toute conscience droite, le gigantesque crime qui se commet contre la République Socialiste des Soviets.

Voilà deux ans que le peuple russe s'est affranchi.

Voilà deux ans qu'il est supplicié par les grandes nations, ce qui veut dire aussi, hélas, par les grands peuples du reste du monde. Deux ans que la Russie tout entière, encerclée impitoyablement par la guerre et le blocus, se débat et agonise. Vous le savez. Vous savez que cette intervention a pris dès l'abord les aspects hideux de l'hypocrisie et de la fourberie. On ne l'a jamais proclamée franchement. On n'a jamais complètement levé le masque. Pas de déclaration de guerre, pas de motifs publiquement discutés.

A la tribune des parlements ou dans les déclarations officielles, on l'a avouée en partie, par morceaux, puis on l'a niée, puis on l'a avouée à nouveau lorsque, sous la pression des faits, des chiffres, on ne pouvait pas faire autrement. Ce n'est pas le propre des justes causes !

En réalité, la guerre contre la Russie de la Révolution n'a jamais cessé. Elle a été conduite par les dirigeants de l'Entente — et jamais ce mot d'Entente n'a été aussi justifié que pour cette œuvre-là — avec un archarnement, un esprit de suite, une prévoyance et une habilité qui auraient bien dû s'exercer dans d'autres circonstances, lorsque la guerre était chez nous.

Tous les moyens ont été employés. Ce n'étaient pas seulement les soldats recrutés de force, inscrits d'office, et affublés par suprême ironie, du titre de volontaires. C'était, et cela depuis le commencement, la contre-révolution soudoyée, fomentée, organisée, avant d'être officiellement reconnue, par les représentants de la libre Angleterre et de la France de la Révolution. Les haines fratricides soulevées, la puissance militaire de l'Allemagne respectée et même restaurée par un pacte infâme en haine des révolutionnaires, les peuples limitrophes excités, les ennemis suscités de toutes parts, et armés, équipés, ravitaillés, par l'argent des Alliés, par le nôtre.

Combien cette intervention nous a-t-elle coûté ? Cachin, comme c'était son rôle, a posé nettement cette question à M. Pichon. Celui-ci, comme c'était également son rôle, s'est dérobé à la réponse : il ne savait pas, il fallait faire des comptes, vérifier des additions, rechercher des documents. On ne saura jamais combien nous avons dépensé dans l'entreprise anti-russe, pas plus que nous ne saurons le nombre de nos jeunes gens expédiés là-bas. Nous saurons seulement un jour, que nous avons plus de « disparus » que nous ne croyions, et qu'il nous faudra payer des impôts que nous ne pourrons pas payer.

Enfin, par-dessus et comme à travers cette guerre qu'on fait ou qu'on fait faire, complétant cette organisation de la destruction et la perfectionnant, le blocus, qui empêche de vivre ceux qu'on ne tue pas. Le blocus, avec la famine et les épidémies, et l'arrêt écrasant de la vie nationale, le commerce, l'industrie, les services de transports immobilisés, décomposés, dans les étendues, comme de grands cadavres de choses. Le blocus, c'est-à-dire le massacre lent et sûr d'une population de 180 millions d'habitants. Et toutes les propositions de paix des Russes — même les plus humbles — dédaigneusement repoussées du pied par nos maîtres.

Ces calamités, cette désolation ont été exposées dans un témoignage de haute valeur, celui de M. Bullitt, journaliste américain de tendances plutôt anti-bolchevistes, chargé par son gouvernement de faire une enquête sur place (nos gouvernants, à nous, ont toujours refusé toutes les enquêtes).

M. Bullitt donne des détails où puiseront les historiens futurs quand ils feront le tableau de notre civilisation occidentale, si sottement orgueilleuse d'elle-même :

« La Russie se trouve — ce rapport date de février dernier — dans un état de détresse très grave. Le blocus par terre et par mer en est la cause, et le manque de moyens de transports en est le symptôme le plus grave. Un quart seulement des locomotives qui existaient en Russie avant la guerre est maintenant en service. De plus, la Russie des Soviets est privée de communications avec ses centres de production de charbon et d'essence. Il en résulte une crise des transports à vapeur ou électriques. Ni les automobiles ni les bateaux à vapeur sur le Volga ou sur les canaux, ne peuvent être utilisés. La conséquence de cet état de choses, c'est qu'il est impossible de faire venir à Moscou plus de vingt-cinq trains de vivres par jour des centres d'approvisionnement de blé, alors qu'il en faudrait une centaine. Petrograd n'en reçoit que quinze au lieu de cinquante.

« Tout le monde, à Moscou et Petrograd, hommes, femmes, enfants, meurt lentement de faim. La mortalité est particulièrement élevée chez les nouveau-nés que les mères ne peuvent pas nourrir, chez les femmes nouvellement accouchées et chez les vieillards. La maladie en général trouve un excellent terrain pour se développer et la plus bénigne est susceptible d'avoir des suites fatales, les médicaments faisant totalement défaut. Des épidémies de typhoïde, de typhus et de variole règnent à l'état endémique à Pétrograd et à Moscou. »

Telle était la situation en février dernier. Huit mois se sont écoulés depuis.

Le journal de Clemenceau écrivait ces jours-ci à propos de l'attaque de Riga par Van der Goltz : « C'est la guerre qui recommence ». Ce n'est pas vrai. C'est mentir de dire que la guerre recommence. Elle n'a pas à recommencer : elle n'a pas cessé depuis le 2 août 1914.

En même temps, pour justifier ou pour dissimuler cette campagne atrocement méthodique, on a mené une campagne d'opinion sans précédent ; les grands journaux, qui sont une des hontes de notre époque dite démocratique, ont fait entrer dans les têtes du troupeau docile et hélas innombrable de leurs lecteurs, cette idée que le mot : bolcheviste, était un mot maudit, qu'on ne doit pas même se permettre de discuter.

Eh bien, il faut le dire tout d'abord, dégager en premier lieu ce cri de révolte morale : quand

bien même les bolcheviks seraient en effet les
sauvages et les fous qu'on nous dit, quand bien
même ils eussent appliqué des théories contraires au bon sens et à l'intérêt de leurs conci-
toyens, ce n'en est pas moins une ignominie
d'intervenir de cette façon sanglante dans les
affaires russes ! Et on ne peut pas trouver là une
seule raison valable pour déchaîner sur ce pays
tant de misères et de fléaux, pour en détruire
les femmes et les enfants par millions, et faire
de l'immense Russie le plus vaste champ de
ruines et le plus grand cimetière du monde.

« Vous détestez le gouvernement russe? Je le
veux bien, s'écrie un écrivain de talent et de
cœur, Paul Biroukov, en un appel où semble
frémir l'âme de l'inoubliable apôtre dont il fut
l'ami : Léon Tolstoï... Je le veux bien. Mais
pourquoi massacrez-vous ceux qui n'ont rien
fait ? Les hommes qui gouvernent la Russie sont-
ils des monstres tels qu'il faille, pour les ren-
verser, exterminer des millions d'innocents ? »

Mais, citoyens, ce qu'il y a de tragique dans
la question russe, ce qui est lourd, insuppor-
table pour la conscience des honnêtes gens qui,
d'ici, assistent à cela, c'est que la vérité est bien
contraire à la légende qu'on nous a fabriquée
sur le bolchevisme, c'est que toutes les accusa-

tions — je parle des accusations importantes, fondamentales —, portées contre le régime et l'attitude des maximalistes, tombent une à une devant la réalité des choses.

Et ce qui apparaît à travers le mensonge, c'est la noblesse et la hauteur des conceptions que les maîtres actuels de la Russie se sont efforcés de faire vivre pour la première fois sur la terre.

Il faut d'abord faire justice du principal motif de haine qu'on a attisé contre le pouvoir des Soviets : la paix séparée russo-allemande à Brest-Litovsk. On a crié à la trahison et à l'infamie. Les notes et lettres de Jacques Sadoul, qui vont paraître enfin dans quelques jours et qui sont si magistralement et si minutieusement documentées, mettront ces choses au point d'une manière définitive. J'ai eu toutes ces lettres entre les mains. On peut en extraire les vérités suivantes :

Les bolchevistes ont demandé en novembre 1917 aux alliés de se joindre à eux pour proposer à l'Allemagne une paix *sans annexion*, une paix démocratique et humaine. Si l'Allemagne avait accepté, la guerre était terminée un an plus tôt. Si elle refusait, elle dénonçait son ambition impérialiste à la face du monde, en même temps que les Alliés eussent prouvé aux peuples qu'ils ne poursuivaient pas une paix antidémo-

cratique et injuste, ce qui aurait moralement et
matériellement renforcé notre cause. Au cas de
refus de l'Allemagne, les maximalistes, qui jusque-là doutaient du désintéressement des fins
de guerre des Alliés, auraient, malgré l'état pré-
caire de l'armée russe, accompli un suprême
effort à nos côtés pour une cause noble et de
vraie libération des peuples contre le militarisme. Ils se seraient jetés dans ce qu'ils appe-
laient eux-mêmes *la guerre sacrée*. Mais les
Alliés n'ont pas voulu coopérer à la proposition
de paix démocratique parce qu'ils avaient, nous
l'avons bien vu depuis, des buts d'annexions,
des buts militaristes, qu'il leur aurait fallu ou
avouer, ou reviser. Ce sont donc les Alliés et
non les Russes qui ont trahi la cause de tous les
peuples. Et il est faux de prétendre que l'armée
russe avait été désorganisée par les bolchevistes.
Elle était désorganisée et décimée par quarante
mois de défaites dues à un armement scanda-
leusement insuffisant, au manque d'artillerie
et à l'effroyable impéritie administrative et militaire. L'offensive de Broussiloff, en juillet 1917,
ordonnée par Kerensky *sous la pression des
Alliés*, fut un immense et inutile sacrifice humain qui acheva l'effondrement de l'armée
russe.

Ces affirmations, ici résumées, s'appuient
toutes sur des preuves et des précisions, comme

ce qui est relatif à la divulgation russe des traités secrets et à l'annulation des emprunts étrangers, et on ne les réfute pas en répétant misérablement et bêtement, comme le fait la presse réactionnaire : « Les bolchevistes étaient des agents de l'Allemagne et leurs propositions de paix étaient un piège ! »

Je veux surtout vous parler des principes des bolcheviks.

Certes, on aurait la partie belle à les faire valoir en faisant le procès du régime tsariste que la révolution russe a balayé et remplacé. Le tsarisme, cette ténébreuse et sanglante accumulation d'attentats contre la liberté, d'exécutions en masses, d'assassinats et de vols éhontés d'un bout à l'autre de l'échelle administrative, du simple fonctionnaire au ministre, avec, en haut, la débauche et la trahison couronnées !

Ce serait un argument valable, puisqu'il s'agit — il faut voir les choses comme elles sont — de rétablir ce régime-là. On l'a contesté. On a menti. Nous en avons la preuve : Koltchak — le chef de la contre-révolution — est partisan de la monarchie : c'est le seul aveu qui ait été sincèrement fait dans toute cette affaire !

Laissons cela. Cherchons à dégager un autre ordre de vérités. Cette théorie sociale si effroyablement incriminée, quelle est-elle ?

Pendant longtemps on a répété : « On ne sait pas. On manque d'éléments pour établir un jugement. » On n'a plus le droit de tenir ce langage.

Le V⁰ Congrès panrusse, qui s'est tenu à Moscou au mois de juillet de l'année dernière et qui a confirmé les décisions précédentes, a édicté la loi organique de la République socialiste fédérative des Soviets de Russie, et ce document a été depuis longtemps traduit dans toutes les langues. En voici les passages les plus marquants, ceux qui en dégagent l'âme et la lumière :

« La constitution des Soviets, dit l'article 3, se propose essentiellement pour but de supprimer toute exploitation de l'homme par l'homme, d'abolir définitivement la division de la société en classes, d'écraser sans pitié tous les exploiteurs, de réaliser l'organisation socialiste de la société et de faire triompher le socialisme dans tous les pays. »

« Pour réaliser la socialisation de la terre, la propriété privée de la terre est abolie ; toutes les terres sont déclarées propriété nationale et sont remises aux travailleurs sur les bases d'une répartition égalitaire en usufruit.

« Les forêts, le sous-sol et les eaux présentant un intérêt au point de vue national, tout le bétail et tout le matériel, ainsi que tous les domaines et toutes les entreprises agricoles

modèles et de haute culture sont déclarés propriétés nationales.

« Comme premier pas dans la voie du transfert
complet des fabriques, des usines, des mines,
des chemins de fer et autres moyens de production et de transport, en propriété de la République ouvrière et paysanne des Soviets, le Congrès
ratifie la loi soviétiste sur le contrôle ouvrier
dans les industries dans le but d'assurer le pouvoir des travailleurs sur les exploiteurs. »

Voici comment fonctionne ce qu'on appelle
les Soviets :

Le Soviet est l'assemblée que chaque unité
électorale correspondant à chaque parcelle du
territoire se choisit à raison d'un député par
mille électeurs dans les grandes villes ou bien
d'un député par cent électeurs dans les petites
villes ou les villages. Il y a donc autant de
soviets que de circonscriptions. Le soviet constitue l'autorité suprême, très autonome, pour
les intérêts purement locaux. Les membres des
soviets sont élus pour trois mois seulement.

Mais il n'y a pas dans un pays que des intérêts locaux. La Russie est divisée territoriale-
ment, indépendamment des parcelles qui corres-
pondent à peu près à nos communes, en volost
(réunions de villages), en districts, en gouvernements et enfin en régions. Chacune de ces
subdivisions de plus en plus vastes du territoire

est administrée, en ce qui concerne ses intérêts régionaux, par un *Congrès* formé de représentants de tous les soviets locaux. Enfin, à la Russie tout entière correspond le Congrès pan-russe (qui se réunit tous les six mois). Un Comité Exécutif, nommé par le Congrès et responsable devant lui, conduit les affaires nationales et forme dans son sein le Conseil des Commissaires du Peuple.

Ce système constitue donc une représentation extrêmement abondante qui ne perd jamais contact avec l'électeur et cet organisme est très souple, très vivant, grâce à la brièveté du mandat de chaque député.

Plus loin, la Constitution décide :

« Que le travail est obligatoire pour tous les citoyens de la République, en vue de supprimer les éléments parasites de la société et d'organiser la vie économique du pays.

« Tous les habitants sont considérés comme des citoyens, quelles que soient leur race ou leur nationalité.

« Ne peuvent élire et être élus ceux qui vivent du travail d'autrui, ni ceux qui vivent d'un revenu non produit par leur travail, les rentiers, les intermédiaires commerciaux, etc... »

Tels sont les principes du Bolchevisme.

Mon opinion personnelle est que l'humanité

devra quelque jour s'astreindre à de grandes lois
bien similaires si elle veut établir un ordre de
paix et de justice.

Mon opinion est aussi que la conscience universelle s'achemine inéluctablement vers cet
idéal-là.

Mais il ne s'agit pas ici d'opinions personnelles.

Je fais la large part à ceux qui, dans nos
rangs, sont les adversaires de cette conception
politique. J'admets qu'entre nous, nous la discu-
tions sur tel ou tel point. Mais quoi qu'on en
dise, on ne peut pas dire qu'elle soit incohérente
ou injuste, on ne peut pas dire non plus qu'elle
ne soit pas une conception socialiste.

Le citoyen Varenne, dans un article qu'il a
écrit en réponse à un appel que j'ai publié, sou-
tient cette thèse que le bolchevisme, qui est le
communisme marxiste, constitue une sorte d'an-
tithèse au socialisme. Varenne est dans son
tort. Il n'a pas plus le droit de s'exprimer ainsi
qu'un monarchiste constitutionnel n'a celui de
dire à un monarchiste absolu : vous n'êtes pas
monarchiste.

Le socialisme est fondé sur certains principes
tels, par exemple, que la souveraineté du travail, l'égalité des citoyens, l'internationalisme,
et d'autres, qui sont respectés ici ; ils sont seulement poussés à leur dernière limite.

Je m'en réfère du reste à l'opinion exprimée par une haute personnalité que nous respectons tous, un des patriarches du parti révolutionnaire : Kropotkine. Kropotkine, qui est anti-bolcheviste en principe puisqu'il est anarchiste, écrit néanmoins : « Les bolchevistes s'efforcent d'introduire la socialisation du sol, de l'industrie et du commerce. Ce changement qu'ils s'efforcent d'accomplir, c'est le principe fondamental du socialisme. »

Nous n'avons pas à faire ici d'analyse de doctrine, et cela doit nous suffire.

Ce que j'en ai dit est pour pouvoir établir que le bolchevisme est pour tout le moins une doctrine de raison et pour pouvoir ajouter ceci :

Si tous les hommes ont le devoir de s'élever au-dessus des questions de politique pour protester contre l'invasion de la Russie, ce devoir est particulièrement pressant et formel pour les socialistes, pour tous les socialistes sans exception, sans distinction de nuances, puisque c'est le principe même du socialisme qui est en jeu ; et il est encore plus sacré pour les opprimés et les prolétaires !

Mais il est d'autres sortes d'accusations qu'on élève contre les bolcheviks : elles sont relatives aux méthodes d'application de leurs doctrines.

On prétend que ces méthodes sont dictatoriales et tyranniques.

Ici il est moins facile, il faut le reconnaître, de savoir toute la vérité qu'en ce qui concerne la doctrine elle-même.

Mais il est équitable de considérer : d'abord, que toute révolution est dictatoriale et ne peut pas ne pas l'être (la seule question qui se pose est de savoir combien de temps elle doit le demeurer); ensuite, que celle-ci s'est passée au milieu de difficultés et de catastrophes inouïes et d'une contre-révolution qu'on peut qualifier d'universelle, et enfin, que la plupart des faits qu'on nous rapporte sont sujets à caution. En effet, toute communication postale étant coupée avec la Russie et l'accès en étant interdit, ces informations nous parviennent : par la voie officielle (et nous savons ce qu'elle vaut); par l'intermédiaire d'exilés, misérables résidus du tsarisme venus s'échouer à Paris et qui ne méritent aucune créance, au contraire, ou bien socialistes antibolchevistes qui ont tendance à apporter dans le débat leur rancune de parti vaincu. Et je ne parle pas des renégats et des traîtres qui forment ici une véritable agence.

Ceci dit, il est un fait, indéniable, qui symbolise et concentre en quelque sorte ce genre de griefs : la dissolution brutale de la Constituante.

Il est exact en effet qu'en janvier 1918 l'Assemblée constituante panrusse s'est réunie et qu'elle a été dispersée par les gardes rouges. On se souvient de la réprobation que cela excita en Occident, et combien cette réprobation fut exploitée. Pas plus que les autres, l'accusation qu'on tire de ce fait ne tient devant l'examen.

Les hommes portés au pouvoir en octobre 1917 par la vague furieuse et désespérée du peuple russe, avaient un système de gouvernement qui répondait aux aspirations de ce peuple (leur stabilité l'a prouvé). Ce système comportait la représentation directe du prolétariat.

Et il leur aurait fallu sacrifier ce principe constitutif, abdiquer toute autorité entre les mains d'une assemblée qui était l'expression du parlementarisme dont on ne voulait plus? Au reste, la Constituante — et on oublie de remarquer ce point capital — avait été élue sous le régime déchu et justement déconsidéré de Kerensky. Elle n'était donc valable à aucun point de vue. Imaginez — c'est une hypothèse! — une révolution éclatant ici après les élections et s'en remettant ensuite à la Chambre et au Sénat !

Les bolcheviks n'ont pas voulu la Constituante. Ils ont bien fait. Ils ont rempli leur devoir vis-à-vis de la révolution.

On leur a aussi reproché, dans les sphères bourgeoises, la guerre acharnée qu'ils ont faite à la classe dépossédée. Ce reproche a en lui-même quelque importance, car il se rattache à une des critiques les plus injustes qu'on fait au socialisme en général. En pouvait-il être autrement? Qu'on se rende compte de l'énormité de la transformation sociale entreprise par ces hommes. Un pareil bouleversement du vieil ordre inique des choses comporte une période de transition où c'est un devoir d'éliminer des affaires les ex-privilégiés.

Ce qu'on ne dit pas, c'est que ceux-ci ont fait une opposition contre-révolutionnaire non moins acharnée, et saboté toutes les administrations. Ils ont conspiré et trahi, et accumulé les obstacles. Ce fut là un des plus grands périls auxquels le gouvernement des Soviets ait dû faire face.

Mais le socialisme révolutionnaire, qui remet à leur place d'hommes les parias de la société, ne crée pas une classe de parias. Il est faux de prétendre qu'il remplace une tyrannie par une autre. Sa force destructive vise des privilèges injustes, non des hommes. La guerre des classes a pour but la suppression des classes, et toutes les mesures strictes et même terribles qu'il faut prendre pour établir le règne de la justice doivent aboutir finalement à la justice pour tous.

Au reste, dans la mesure où cela leur a paru
commandé par l'intérêt général, les maximalistes sont revenus sur cet ostracisme vis-à-vis
des éléments bourgeois. Ils l'ont fait par degrés,
ce qui prouve, plus que toute chose peut-être,
leur sagesse, leur modération et leur esprit pratique. Et cela justifie cette constatation si im-
pressionnante de M. Bullitt qui, après avoir dit :
« Aucun gouvernement, s'il n'est socialiste, ne
peut se maintenir en Russie », ajoute : « Le parti
communiste de Lénine est aussi modéré que
n'importe quel gouvernement socialiste à même
de diriger la Russie ». Je tenais à souligner cela.

Les concessions, non aux principes mais aux
choses, faites par les bolchevistes dans la période constructive de la révolution, leur ont valu
d'ailleurs des attaques violentes, farouches et
des attentats sans nombre de la part des extrémistes, des terroristes et des anarchistes. N'oublions pas qu'ils ont des adversaires à gauche
aussi bien qu'à droite.

Eh bien, ils ont jusqu'ici triomphé de tout
cela, et à travers ce prodigieux amoncellement
de difficultés intérieures et extérieures, ils ont
tout de même bâti de belles institutions.

La citoyenne Alexandra Kollontaï, commissaire du peuple à l'Hygiène publique, a organisé
des œuvres immenses d'assistance aux enfants

du peuple. Lounatcharsky, commissaire à l'Instruction publique, a institué un admirable réseau de services pour l'instruction, l'éducation, les beaux-arts, le théâtre, les sciences.

Nous l'avons appris peu à peu, malgré la campagne de calomnies. Les lettres de cet homme intègre, de cet observateur perspicace, de ce témoin incorruptible qu'est Jacques Sadoul — bien qu'elles aient été interdites par la censure — ont commencé à projeter sur l'œuvre administrative des bolcheviks la lueur de la vérité. Ces renseignements ont été confirmés par les rapports d'autres témoins qui n'étaient pas des tsaristes ni des agents de l'Entente : Arthur Ransome, Frazier Hunt, le savant Victor Henri, dont le rapport lu à notre Académie des Sciences a éclaté comme un coup de tonnerre.

Il en résulte que pour les Universités, les écoles où les enfants pauvres sont nourris, les bibliothèques, les laboratoires de recherches scientifiques ou médicales, les musées, les théâtres (tout cela conçu surtout au point de vue populaire), les bolcheviks, et ce sont les propres expressions des hommes autorisés, ont plus fait en quelques mois que le vieux régime précédent en plusieurs siècles.

Qu'auraient-ils fait pour l'industrie, pour le commerce, s'ils avaient été libres de le faire !

Il y a en ce moment sur les murs de Paris une affiche, apposée par les soins de quelque Union des intérêts économiques d'on ne sait qui. Cette affiche met les travailleurs en garde contre le socialisme, parce que le socialisme c'est le bolchevisme et que le bolchevisme c'est la misère.

C'est dépasser les limites du cynisme ! On les affame et on les massacre, on ruine tout autour d'eux, et on leur jette ensuite la famine et la misère comme un argument contre leurs croyances !

Mais ce que les affiches réactionnaires ne disent pas aux travailleurs de France, c'est la ruine que cette campagne antihumaine aggravera ici même.

Nous avons 400 milliards de dette, ce qui nous grève chaque année de 20 milliards d'intérêts. Paul Mistral établissait, ces jours-ci, qu'il faudra incessamment décupler nos impôts. Et les budgets de la guerre augmentent puisque la guerre continue, et se multiplieront, puisque de nouvelles guerres surgiront de celle-ci. C'est une dérision de croire que la durée du service militaire, comme on vous le fait miroiter, restera longtemps réduite : vous allez voir d'ici quelque temps.

Nous aussi, nous allons vers la banqueroute et la famine. Et pourtant les gouvernements bour-

geois qui sont les maîtres des événements
annihilent, avec les forces épuisées de leurs
peuples, la production d'une moitié de l'Europe, sans vouloir réfléchir que cette famine
est contagieuse !

Et tout cela pour rien. La défaite de la Russie révolutionnaire, si elle s'accomplit, ne sera
jamais que momentanée. On n'arrachera pas
son rêve à la Russie. L'Américain que j'ai déjà
cité, observateur calme et positif, le constate :
« Le gouvernement des Soviets a pris un tel
empire sur l'imagination des masses que les
femmes sont prêtes à souffrir la faim et les
hommes disposés à mourir pour lui ».

Il n'y a rien de plus tragique et de plus vaste
que cette simple constatation. Elle ouvre des
abîmes dans l'avenir et l'on songe non sans
une haute émotion à la parole de Tolstoï qui
disait naguère : « Le peuple russe sera le ré-
dempteur de tous les peuples ».

Alors quoi ! Que signifie cette coalition déchaînée contre des hommes qui ont raison ?

On se demande si le genre humain n'est pas
devenu fou.

Non, ce n'est pas là de la folie. La vérité,
camarades, est simple.

Si on veut détruire la révolution russe et la
Russie avec elle, c'est qu'on veut détruire le

socialisme. Les gouvernements réactionnaires qui décident de la guerre défendent leurs privilèges réactionnaires, voilà tout.

C'est la première fois qu'un régime vraiment socialiste prend racine dans l'univers. Ce n'est pas la République allemande, cette monarchie camouflée où le militarisme point de toutes parts, qui portera ombrage aux dirigeants capitalistes !

Une expérience du genre de celle de la Russie est grave. Elle ne peut pas se faire impunément, ni dans un sens ni dans l'autre. Les gouvernements réactionnaires le savent bien, et ils n'en veulent à aucun prix et ils lui préparent une punition monstrueuse. Ils veulent prouver que la liberté n'est pas viable en la tuant.

La guerre contre la Russie est une guerre sociale et politique et n'est que cela. C'est une phrase aiguë et grandiose de la guerre des classes. Ou le socialisme disparaîtra par la force ou il prendra tout par la raison.

Les événements se précipitent, les situations se précisent. Il n'y a en réalité dans le monde que deux puissances en présence : les conservateurs du passé et les hommes qui aspirent à un ordre nouveau. Deux formules opposées, ennemies : Maintenir ou rénover. Elles sont aux prises. Si nous en doutons, regardons ce drame fait là-bas avec des milliers de drames.

Mais ce qui est inadmissible, c'est qu'à ce suprême effort de l'internationale capitaliste les peuples acceptent d'obéir. C'est qu'il puisse être dit qu'on a étouffé les aspirations du peuple avec l'aide des peuples.

Il faut faire quelque chose. Je vous le demande. Que peut-on faire? Eh bien, il y a une force, il n'y en a qu'une, capable de contrebalancer les grandes forces sombres qui veulent éterniser les esclavages : c'est vous !

C'est vous, les hommes libres, organisés, unis ; c'est vous, les syndicats, la Confédération Générale du Travail.

Je vous le demande, je vous en supplie. Ne restez pas indifférents au plus grand crime que l'histoire ait jamais eu à enregistrer. Il ne faut pas que les paroles que nous disons s'envolent, et que les pensées justes restent des pensées. Il faut chercher un moyen efficace, positif, menaçant, de vous refuser au martyre et à l'assassinat d'un peuple immense et d'une immense espérance qui est aussi la vôtre !

Lorsque vous rentrerez chacun dans votre maison, dans votre foyer, songez aux innombrables foyers dévastés là-bas par la rage cupide de ceux qui sont encore les maîtres des destinées humaines. Que dis-je! songez à vos propres foyers et comprenez que tous les travailleurs, que tous les exploités de la terre sont indissolublement liés les uns aux autres !

Camarades, le drapeau de la République Socialiste des Soviets que votre indifférence aide à anéantir, est le drapeau rouge de l'affranchissement des hommes. Il porte, brodées en or, une image et une inscription. L'image, c'est un marteau et une faucille entrelacés. L'inscription, ce n'est pas, comme sur nos vieux drapeaux de barbarie et de militarisme, le nom de quelque grand meurtre collectif, c'est le cri de raison que Karl Marx a jeté depuis trop longtemps dans le monde : « Prolétaires de tous les pays, unissez vous ! »

A MES FRÈRES
DE L'ASSOCIATION RÉPUBLICAINE
DES ANCIENS COMBATTANTS (¹)

Camarades, l'Association républicaine des Anciens Combattants vous a conviés ici ce soir, en cette réunion ouverte, et qui sera contradictoire autant qu'on le voudra, pour prendre contact avec l'opinion publique à la veille de la lutte électorale et affirmer une fois de plus ce qu'elle est et ce qu'elle veut.

Avant de donner la parole aux orateurs sur les questions à l'ordre du jour, je ne peux pas ne pas évoquer, comme je saisirai désormais chaque occasion de le faire, les événements

1. Meeting de l'Association Républicaine des Anciens Combattants, salle de l'Union des Syndicats (octobre 1919.)

immenses sur lesquels nous avons tous en ce moment les yeux et les âmes fixés avec tan d'angoisse : les événements de Russie.

Ces événements se précipitent avec une rapidité tragique. Le temps des discours, des vœux, est passé. On a dit tout ce qu'on pouvait dire.

Nous savons tous à quoi nous en tenir sur les mobiles et les conséquences de cette guerre de classes. Nous savons que depuis des siècles les peuples vivaient dans l'esclavage, que depuis deux ans, jour pour jour, la révolution a enfin éclaté dans le monde entier, que les révolutionnaires sont là-bas à se débattre et à agoniser, ET QUE LES CONTRE-RÉVOLUTIONNAIRES, C'EST NOUS ! Nous, les « démocraties » occidentales, nous, les célèbres vieilles démocraties !

Il ne faut pas que nous nous imaginions que nous remplissons tout notre devoir parce que nous nous préparons à célébrer dignement des cérémonies de deuil et à prononcer de belles oraisons funèbres !

Nous avons bien crié, nous : « Paix à la Russie ! » et nous l'avons même affiché sur les murs. Mais, dans certains cas, les paroles qui restent des paroles ne sont presque que des mensonges !

Il faut que les peuples n'apportent pas un instant de plus a l'assassinat de l'idéal commun, de l'espérance unique, une complicité qui est pour le moins une monstrueuse imbécillité !

Il n'y a qu'un moyen de s'opposer à la victoire de l'internationale capitaliste sur la raison, la justice et la liberté, — le moyen formidable que peut créer facilement d'un mot la volonté du peuple : La grève générale !

Est-elle réalisable ? Oui, elle est réalisable, comme elle l'aurait été le 21 juillet si je ne sais quelle diplomatie ne s'était mise en travers.

Je sais la gravité de ce que je demande à ceux qui m'écoutent ici et ailleurs, mais je dis que cette grève sacrée — qui pourrait se réduire, si l'on veut, à vingt-quatre heures de menace consciente — sauverait des intérêts bien autrement essentiels que ceux qu'elle dérangerait.

Je sais toutes les conséquences, pour la vie de tous et de chacun, d'un arrêt pacifique du travail, même momentané. Mais il ne s'agit pas de ne pas faire de sacrifices ! Je sais aussi les oppositions, les manœuvres. Les dirigeants de la France sont les ennemis du peuple français, mais on se refusera tout de même à admettre que les dirigeants de la Confédération Générale du Travail soient les ennemis de la cause universelle des travailleurs !

Camarades, l'humanité tout entière est en danger ! Faites-vous tous, auprès des syndicats ouvriers, les propagandistes acharnés de cette solution urgente, la seule qui ne soit pas utopique, et nous jetons ce même cri à nos amis étrangers.

Camarades, cette réunion est placée sous la présidence d'honneur de Marty. Nous communierons dans l'hommage que nous devons à la désobéissance des marins de la mer Noire qui furent les seuls héros de cette guerre inique sans déclaration de guerre, et de tous les autres soldats révoltés, en qui l'homme fut plus grand que l'esclave !

Nous qui avons la haine des vieux drapeaux barbares que nous avons vus de trop près, nous nous inclinerons devant ces hommes avant de parler de nos luttes politiques, en même temps que devant le drapeau rouge de la République socialiste des Soviets de Russie !

L'ŒUVRE ET L'EXEMPLE DE ZOLA

Madame, Chers Confrères et Amis,

Le pèlerinage qui rassemble ici, à de longs intervalles de la vie, les fidèles et les croyants d'Emile Zola devient chaque fois plus grandiose et plus solennel. Et cette cérémonie d'aujourd'hui qui couronne toutes celles qui se recueillirent et s'exaltèrent en ces mêmes endroits, revêt une importance que nous sentons tous.

Ce n'est pas seulement parce que les cinq années que nous venons de traverser, et qui ont interrompu cette pieuse habitude comme tant d'autres, ont mûri et vieilli l'humanité après l'avoir déchirée. C'est aussi, simplement, parce qu'elle reprend après cinq ans. C'est à cause du

1. Discours prononcé le 5 octobre 1919, au pèlerinage de Médan.

seul agrandissement du temps qui passe. A
mesure que les jours s'écoulent, que la date où
l'homme a disparu recule dans les lointains, la
contemplation de ce qu'il a laissé devient plus
sereine, plus haute et plus définitive. Du fond
de ces années nouvelles, l'attachement se con-
firme et s'idéalise à la fois, qui égale l'admira-
teur, quel qu'il soit, au poète et à l'apôtre.

Déjà — comment ne pas le remarquer et le
ressentir — plusieurs de ceux qui ont pris part
aux premières manifestations des amis de Zola,
de ces hommes d'élite qui continuaient purement
dans une fête grave le culte régulier de l'amitié,
ont disparu à leur tour.

En saluant leur mémoire, en constatant une
pauvre fois de plus la fragilité des liens naturels
et ce perpétuel abandon qui punit les survivants,
disons pourtant que ce titre d'amis de Zola —
d'amis vrais, vaillants et pratiquants — devient
de moins en moins l'apanage d'une phalange
d'hommes parmi les hommes.

Sa mémoire a franchi le stade où la mort est
encore vivante, où l'écho du nom est douloureux
et endeuillé, où les proches s'en sentent les
gardiens privilégiés, exclusifs. Sans doute, les
chers détails personnels ne s'anéantiront pas —
car ils sont précieux, bienfaisants et beaucoup
de mains savent les entretenir — mais ces sou-

venirs intimes ne sont plus aussi jaloux que
naguère, et les paroles deviennent de plus en
plus profondes que prononçait ici un des amis
disparus — non le moins cher ni le moins
noble — Camille Lemonnier : « Hormis au cœur
admirable de la veuve, il n'y a plus aucun signe
funéraire ».

A côté des vides qui se sont faits — et non à
leur place, car les vides humains ne se comblent
jamais — d'autres ferveurs, d'autres dévoue-
ments sont venus. Déjà beaucoup de ceux qui
aiment le plus Zola ne l'ont pas connu.

Ah ! nous n'ignorons pas combien cette constatation même est encore poignante, car tous
ceux-là, si les lois de la destinée avaient été
normales, devaient le connaître ; nous ne pouvons non plus oublier que la disparition préma-
turée du maître dans la plénitude de sa force
nous a privés, en des moments tragiques, du
grand secours qu'il nous devait, et nous sentons
bien l'émotion qui se cache dans nos paroles.

Mais si les ombres du passé ne sont pas effaça-
bles, l'incessante aurore de l'avenir ne l'est pas
non plus. Oui, le cercle des admirateurs de son
génie et des serviteurs de sa pensée se renou-
velle, se rajeunit, s'éternise. Il disait lui-même :
« Regardez toujours en avant et jamais en
arrière ! » Faire ce geste, ce n'est pas nous
détourner de lui.

Nos yeux se portent sur des images de vie — sur sa gloire qui recommence sans cesse à vivre, qui est debout, humaine, qui est là, et qui est une foule immortelle, et sur les vastes dons qu'il a légués et qui ne furent jamais si lumineux, si exigeants : son œuvre et son exemple.

Dire cela, dégager ce puissant appel spirituel et moral, voilà à quoi doit se réduire la tâche qui m'incombe bien qu'elle me dépasse, moi qui ai l'honneur magnifique de parler d'Emile Zola, l'émotion de me trouver là, devant vous, tout seul me semble-t-il, avec cette grande ombre.

L'œuvre! On en a parlé. On a travaillé autour d'elle encyclopédiquement. On en a tout dit. Le temps a déjà opéré dans cette critique la sélection du bien et du mal comme il aurait fait de l'œuvre elle-même si elle avait contenu quelque chose qui ne s'imposât pas. Le temps a déjà enseveli dans ses bas-fonds les basses calomnies qu'elle a fait naître. Que reste-t-il des cris de fureur que la médiocrité des uns et la jalousie des autres, ont jetés contre l'écrivain qui s'est le plus pieusement approché de la vie réelle? Je ne parle pas de la haine politique qui continue peut-être à s'exercer quelque part.

Qu'en reste-t-il? Quelques débris de plus de cette bêtise humaine que flétrissait Flaubert, et

qui gît aux pieds des statues de tous les novateurs; quelques exemples de plus de l'infatigable
refus de l'ignorance, qui ne crie que pour mau-
dire, devant l'originalité violemment pure et la
découverte nue, devant l'audace de ceux qui ont
dépassé leur temps et mis l'avenir dans le
présent.

La peinture de Rembrandt, constructeur de
lumière, fut considérée par tels de ses contem-
porains comme outrancière et barbare, et quelle
répulsion hautaine n'a-t-elle pas accueilli dans
le monde académique de la musique, la venue
des orages de Beethoven!

Il devient déjà difficile d'exhumer ces rancunes
inconsistantes et éphémères, ces fragiles insultes
dont une partie réduite mais bruyante de
l'opinion publique a toujours éprouvé le besoin,
dans les périodes importantes de l'histoire de
l'art, de s'accabler elle-même.

Comme l'a écrit Verhaeren, toute critique, à
côté de cette œuvre, apparaît vaine et inutile.

Il avait conçu dans sa jeunesse un plan
immense. Inconnu, obscur, mêlé aux autres
jeunes gens et par ailleurs semblable à eux, il
portait ce plan en lui comme le croyant porte
son paradis. Il l'a exécuté jusqu'au bout avec
une prodigieuse volonté. Il a bâti tout son
rêve.

Pourtant ce n'est pas la rigueur méthodique de sa conception qui consacre son œuvre.

La qualité de cette œuvre est d'ordre artistique — et c'est pour cela qu'elle est intangible.

La puissance créatrice de Zola dépasse monumentalement toutes les formules, toutes les méthodes de travail et de documentation; elle dépasse même sa volonté qui fut si vaste.

Un critique a rassemblé, d'ailleurs avec talent et non sans intérêt, les notes, les études, les documents que Zola avait accumulés pour composer *L'Assommoir*. En lisant cette étude, on ne peut s'empêcher de songer que, peut-être, malgré tout, d'autres écrivains, très scrupuleux, très acharnés, très savants sur un sujet, auraient pu établir quelque plan similaire. Mais combien y eut-il de génies capables d'édifier un livre qui vaille celui qui est sorti de cette ébauche, ce livre qui a la beauté grondante et débordante et les sombres entrailles d'une ville! Entre le plan et la réalisation, il s'est interposé une toute-puissance qui ne dépend plus ni des procédés, ni des intentions.

Les réalisations de Zola, exemple unique dans l'histoire de l'art, dans les merveilleuses aventures des constructeurs de l'esprit! Nul autant que lui n'a respecté la simplicité du vrai — avec un respect agissant et hardi, — nul autant que lui n'en a peint la grandeur. Avec des éléments

pris, déracinés fortement de la vie elle-même, il
a établi, créé les formes, l'âme et la vie des
grands ensembles.

Les personnages tiennent trop profondément
au milieu et au drame pour qu'on puisse les en
disjoindre. Chacun d'eux est un fragment surgi
de l'ombre, un geste, un cri, une passion qui se
pousse, un appétit qui s'exhibe, une résistance
qui se débat, une beauté ou une laideur qui
passe, une sorte de schéma vivant, saignant,
profond, déchiré d'un être, et tous ces aspects
momentanés et toutes ces fractions d'âmes et
d'hommes, comme dans la fresque sublime, sont
emportés par le souffle surhumain de tous. Ni
l'immortel Balzac, ni aucun autre, sauf peut-être,
parfois, Tacite et Victor Hugo, ne sont arrivés à
ce réalisme démesuré.

L'œuvre de Zola, c'est un mouvement de
masses, une mêlée, une rumeur d'appels, de
prières ou de plaintes collectives ; des multitudes,
des milieux, des panoramas humains, des étendues vivantes sans bornes, des maisons peuplées
et des faubourgs infinis, des organismes monstrueux de civilisation, des duels d'anges et de
bêtes, des vices, des systèmes, des puissances,
des débâcles, des déluges — où la poésie passe
d'un bout à l'autre, lourde, palpable, comme
une vague de fond, — et c'est enfin la vérité,
c'est-à-dire la beauté, cette espèce de rayonne-

ment inconnu qui sort de ce qu'on connais-
sait.

Cette orientation mystérieuse et extraordinaire
des parties dans le tout commande aussi à la
forme même qui traduit ces visions, à leur
enveloppe verbale.

C'est un vain attentat que d'arracher de leur
place une ligne ou un passage de ses livres et
de les examiner en eux-mêmes — malgré les
splendeurs d'expressions qui abondent dans ces
quinze mille pages. C'est comme si on isolait
pour y appuyer, avec la lourdeur d'une observa-
tion partielle, les quelques notes qui forment le
motif d'une symphonie. Mais chaque détail est
nécessaire à l'ensemble et l'ensemble est irrésistible. Donc chaque détail est impeccable. Et
celui qui donne par miracle la vie à des masses
agglomérées de créatures et de rouages, sait
remuer en de frémissants emportements la foule
des pages. Comment, sinon par la force de
chaque ligne?

De nos jours quelques jeunes écrivains — par
suite de ce morne va-et-vient bien difficile à
surmonter et qui impose des espèces de modes
dans la littérature — sont, à leur insu, des ado-
rateurs du détail lui-même. Ils se penchent trop
assidûment sur l'ingéniosité chatoyante de l'expression, sur l'entomologie des mots. Qu'ils

lèvent la tête et recueillent à une source désormais classique les secrets de la grandeur.

Une pareille œuvre se hausse, naturellement, à une portée sociale. Si vivante, pouvait-elle rester à l'écart du grand conflit des idées qui dispose de la vie? Le drame de tous se plante dans chaque cœur. Quand on a vu et montré à ce point l'étendue de la misère du peuple à travers la guerre et à travers la paix, et les tares de l'humanité, et qu'on leur a fait crier leur sinistre et spacieuse clameur, on est voué à chercher passionnément les causes et les remèdes de la plainte universelle; au reste, le génie qui voit ce qui est voit aussi ce qui doit être.

Il espère, à travers les sombres couleurs des temps, la réalité grossière et écrasante et la tristesse de la souffrance; il a foi dans l'avenir, foi dans la valeur régénératrice des précurseurs et aussi des artistes : « C'est par le livre et non par l'épée, a écrit Zola, que l'humanité vaincra le mensonge, l'injustice, et conquerra la paix finale de la fraternité entre les peuples ». Comme toute conscience pure, en présence de cette noirceur d'hiver qui enveloppe le vieux monde et ses lois, il est d'un optimisme désespéré! L'optimisme n'est pas atteint par le malheur ambiant. Il en souffre, mais ne change pas; c'est la santé de la conscience. S'il n'avait pas donné

à ses derniers livres le nom d'évangiles, ce titre
sortirait d'eux-mêmes. « Après vingt-cinq romans, a dit un de ses frères d'armes, ce cœur
noir et tragique éclate en cantiques aux dieux
nouveaux. »

Il a choisi et pris parti. Écrivain et homme, la
vérité l'a toujours mené dans le même sens, et
aussi loin qu'on peut aller, et contre la même
espèce d'ennemis.

Le critique qui, au début de sa carrière,
pauvre, sans appui, s'est fait chasser d'un journal où il était entré de façon inespérée, parce
qu'il voyait déjà, lui, la gloire d'Edouard Manet
et qu'il osait le dire, a été guidé toute sa vie par
la même lucidité et le même courage. Il n'a
jamais pu désobéir à la vérité.

La notion de la responsabilité qu'on a vis-à-
vis de la loi morale et vis-à-vis des autres hommes
et l'amour acharné du juste, le tenait prêt au sacrifice, prêt à devenir, s'il le fallait, son propre
ennemi.

Et à l'apogée de sa gloire, il s'est servi de cette
gloire pour sauver un homme innocent; il s'en
est dépouillé pour la donner à un autre, et, autant que dans ses livres, il a ainsi prêté la vie
à la vérité et à la justice. Car, selon la parole de
ceux qui étaient debout à ses côtés, ce fut alors,
partout, une résurrection des âmes.

Elles retentissent encore à nos oreilles ces

paroles par lesquelles notre grand Séverine a magnifié l'héroïsme de la sincérité :

« C'était dans un grand édifice tout plein de rumeurs de bataille... Nous nous sommes trouvés en pleine foule, en pleine folie, à la descente de l'escalier du Palais de Justice... Et alors, j'ai vu le héros, plus beau que l'antiquité ne l'a jamais conçu, celui qui, à travers tout, contre tout, sur tout, exige le nom de héros! Il était maladroit, il était myope : il tenait gauchement son parapluie sous son bras, il avait les gestes et l'allure de l'homme d'études. Mais quand il descendit une à une les marches du Palais de Justice, parmi les cris de haine, les clameurs de mort, sous une voûte de cannes levées, ce fut comme un roi descendant sous une voûte d'épées nues l'escalier de l'Hôtel de Ville, ou comme Mâtho descendant le grand escalier de Carthage, dans « Salammbô ». C'est ce que j'ai vu de plus grand dans ma vie : c'était le triomphe d'une conscience, d'une vérité, d'une individualité! »

Ah! en cela aussi, car il faut qu'on sente le commandement qui sort des gestes purs, quelle impérieuse leçon pour les travailleurs intellectuels! Beaucoup d'écrivains ne font pas leur devoir d'hommes. Ils croient demeurer purement artistes en se détournant des mouvements sociaux, c'est-à-dire de l'ordre de faits qui broie ou qui sauve le genre humain. Il ne s'agit pas

d'asservir sa plume à de la politique. Il s'agit
de ne pas réduire le rôle de l'artiste à un rôle
d'amateur détaché des choses les plus ample-
ment vivantes d'ici-bas, de ne pas tirer gloire
d'une indifférence — qualifiée pauvrement indépendance — à l'égard des grandes aspirations
humaines et des crises de la conscience collective, — et dont on ne sait si elle est une impuissance à vouloir ou une incapacité de comprendre.
Et pourquoi, et par quelle aberration et quel
triste paradoxe, l'esprit serait-il étranger aux
idées qui, en définitive, conduisent tout !

* * *

Ce dilettantisme dont Louis Havet disait que
c'était une théorie cruelle, cette abdication des
hommes de pensée, rapetissante en tous les
temps, devient criminelle aujourd'hui entre le
chaos d'où nous sortons et celui où nous allons.

Nous vivons dans des jours graves et difficiles.
La vérité et la justice sont toujours à sauvegarder.

Nous sommes tous loin de songer ici à nous
servir, pour faire valoir des doctrines et des
préférences personnelles, de la haute mémoire
que nous sommes venus célébrer en une parfaite communion d'esprit et de cœur.

Mais c'est de notre devoir de nous pénétrer

de son exemple au seuil de la maison qui fut
sienne et où nous nous figurons, avec une puérile émotion, qu'il est plus présent qu'ailleurs.
Mais nous tous qui, fidèles à l'enseignement du
poète formidable et de l'infaillible citoyen, l'entendons toujours, et voulons toujours le triomphe
de la raison et de la justice, sachons voir, osons
voir à quoi nous nous engageons quand nous
proférons ces mots-là au milieu d'une société
que le mensonge, l'erreur et la corruption poussent aux abîmes. Et rendons-nous compte avec
fermeté des protestations et des révoltes qu'il
convient que ces mots magnifiques soulèvent
chez l'honnête homme lorsque les meneurs de
peuples les proclament sans leur donner leur
sens, et que, mutilés, ils servent de prétextes et
de pièges.

Nous savons tous que nous sommes à un moment de la vie universelle où l'ordre social ne
peut plus rester ce qu'il est. Trop de malheurs
et de crimes permettent de le juger et obligent
à le haïr. L'avènement des temps futurs, annon-
cés et montrés aux hommes par le visionnaire
de *Germinal* et *Travail*, réaliste de l'avenir —
d'un ordre nouveau où chacun aura sa place au
soleil sous une règle de sagesse et d'équité
inconnue depuis six mille ans d'histoire, où les
abus et les injustices qui se tiennent et se pro-
voquent tous, seront cassés l'un après l'autre

comme les chaînons d'une grande chaîne — devient une question de vie et de mort pour le genre humain.

Écoutons la voix d'un des puissants du jour, un des maîtres de la terre :

« Le vieux monde, dit-il, doit disparaître. Aucun effort ne peut le protéger plus longtemps. Si quelques-uns se sentaient disposés à le maintenir, qu'ils prennent garde qu'il ne s'écroule sur leur tête et ne les ensevelisse, eux et leurs demeures, dans sa ruine. »

Qui est-ce qui parle ainsi? C'est un homme que mes amis et moi nous n'aimons pas. C'est le ministre anglais Lloyd George. Quels que soient les mobiles qui aient arraché à ce vieillard cet aveu pathétique, et même s'ils ne sont pas ce qu'on croit, son imprécation n'en est que plus forte contre cette vieille machinerie sociale qui — ce sont encore ses propres expressions — « a été déshonorée par l'exploitation des hommes ».

La réalité est menaçante. C'est par la raison et la conscience que nous, nous les vivants, qui sommes le souffle et la chair de l'idéal, nous lui ferons face et que nous nous aiderons les uns les autres à sauver l'avenir.

Si nous valons quelque chose, ce n'est pas par suite d'initiations mystérieuses. Nous n'avons rien inventé de ce que nous servons; l'idée d'égalité — le mot le plus créateur, le plus divin

qui soit — n'est pas une idée nouvelle. La grandeur morale — nous enseigne celui qui nous
réunit ici — la grandeur morale, ce n'est pas de
savoir ce que les autres ne savent pas : c'est
 car il y a une vertu de l'intelligence) de comprendre ce que l'on sait et de vouloir ce que
l'on veut. La grandeur, c'est d'être réalistes, et
aussi, d'être intégralement sincères, c'est-à-dire
d'être logiques de la logique implacable et sacrée
qui remonte jusqu'aux causes.

Unissons-nous le plus que nous pourrons et
que nous saurons le faire. Essayons de dégager
sans arrière-pensée, dans le trouble actuel, des
voies pures et droites à l'humanité qui s'est levée
hors des siècles de misère, de famine et de catastrophe où elle se débattait, et qui, comme il le
disait, lui, de la vérité, est en marche. Sachons
considérer que la cause du peuple qui souffre
injustement depuis qu'il existe, est exactement
la même que celle d'un innocent condamné par
toutes les puissances obscures.

Unissons-nous dans cette croyance commune
qui, ici et en cet instant, doit s'imposer nettement à nous : rien ne se fait contre la justice ;
rien de durable ne se fait qu'avec elle ; mais, au
milieu du désordre des choses et des institutions, la justice est terrible.

Puisons dans le souvenir de l'homme exceptionnel, dont les générations actuelles sont orphelines, la force de n'avoir jamais peur de l'accomplissement de la vérité, et chacun selon nos ressources, selon nos moyens et notre mission, de ne jamais laisser avorter les espoirs qu'il a semés! C'est le suprême hommage que ceux qui vivent encore doivent rendre à ces grands disparus auxquels chaque année qui passe apporte un renouveau de grandeur.

C'est l'esprit filial qui anime le salut que j'apporte à Émile Zola au nom de mes amis de « Clarté » et aussi, car nous sommes trop unis pour nous séparer en aucune circonstance, de mes frères innombrables et sûrs de l'Association Républicaine des Anciens Combattants.

LA LEÇON DES RÉVOLUTIONS PASSÉES (¹).

Citoyens, camarades,

Les organisateurs de cette réunion, qui m'ont chargé de vous saluer en leur nom, ce que je fais avec une joie fraternelle, vous ont conviés ici dans le but de commémorer la Commune de 1871.

Notre ami, le D\` Gillard, que je n'ai pas besoin de vous présenter, et qui est en même temps un grand savant qui a sauvé beaucoup de vies humaines et un admirable combattant de notre cause commune, et d'autres camarades, vont vous parler de cet émouvant épisode de l'histoire de la libération populaire. Ils le rapprocheront de certains événements contemporains, montreront la leçon qui se dégage du passé, et diront

1. Discours prononcé à Nice le 21 mars 1920.

les méditations que ce rapprochement doit inspirer aux bons militants et aux honnêtes gens que vous êtes.

Il faut nous tourner parfois vers le passé. Mais il faut savoir le faire. Parmi nos adversaires, de l'autre côté de la barricade — car il y a désormais, visibles ou invisibles, des barricades qui subsistent toujours, — on use et on abuse du Passé. Les théoriciens de l'oppression — et ceux qui nous dirigent encore ont partie liée avec eux — invoquent volontiers le passé ; ils en font une formule, un dogme, une idole. Ils y ramènent tout. Ils prétendent qu'il est sacré par lui-même et qu'il faut lui obéir aveuglément. « Faites cela parce qu'on l'a fait, croyez cela parce qu'on l'a cru ». Cette espèce de religion qui tend à maintenir ce qui est et ce qui doit être, dans les cadres glacés de ce qui fut, s'appelle la tradition. C'est une des plus graves maladies qui aient empoisonné l'esprit humain. Les peuples ont, pour leur malheur, par paresse d'esprit, par peur instinctive de la nouveauté, une grande propension à s'en laisser contaminer. Nous-mêmes, nous tous, camarades, malgré l'indépendance d'esprit que nous avons ou que nous croyons avoir, malgré le contrôle que nous nous sommes habitués à exercer sur les idées et les événements, nous subissons souvent ce vieux charme mystérieux. Et les exploiteurs des multitudes exploitent cette faiblesse comme ils exploitent tout, et écrasent le progrès.

Ce n'est pas ainsi que l'homme libre doit profiter du passé. Mais ce n'est pas encore assez dire : même l'admiration, même le culte que nous professons, à juste titre, pour certains hommes et pour certaines générations d'autrefois, doit consister à chercher à faire non seulement ce qu'ils ont fait, mais ce qu'ils feraient si, plus riches d'expérience et de développement, ils avaient vécu à l'époque où nous vivons ; à nous inspirer moins de leurs actions concrètes que de leurs caractères, que de l'éclat de leurs espérances, que de leur volonté créatrice. Et nous reconnaîtrons souvent que pour ressembler aux précurseurs que nous aimons, il ne suffit pas de les imiter, mais il faut aller plus loin qu'eux et les dépasser comme eux-mêmes se seraient dépassés, s'ils avaient su ce que nous savons. Le passé, c'est la mort, l'avenir, c'est une perpétuelle jeunesse qui change puisqu'elle grandit.

Citoyens, près d'un siècle avant l'insurrection qui sortit comme une flamme de la guerre de 1870 et dont Gillard vous parlera mieux que je ne saurais le faire, un grand événement avait éclaté et rayonné dans le monde. Cette lumière sur laquelle nous devons avoir plus que jamais, dans les jours où nous sommes, les regards et les âmes fixés, c'est la Révolution française.

Nos ancêtres de 1789 et de 1793 ont sapé et démoli quelques-uns des monuments les plus monstrueux et les plus majestueux du passé. Ils ont aboli le fétichisme grossier des privilèges de droit divin des rois, des nobles et des prêtres, les avantages fantastiques que conféraient à certains hommes la seule naissance et la seule condition. Ils ont décrété que tous les citoyens devaient être égaux devant la loi.

Cent trente ans se sont écoulés depuis cette convulsion qui fut universelle — et après cent trente ans, nous sommes épouvantés de ce que nous voyons autour de nous. Partout, de haut en bas, de fond en comble, sévissent l'inégalité et la barbarie, et le règne du privilège. Partout s'abat, comme jadis, comme toujours, la loi des plus forts. C'est le système des profiteurs — de quelques profiteurs — dont la richesse et la domination sont faites de l'appauvrissement et de la servitude de l'ensemble. Le régime actuel n'est qu'une contrefaçon tricolore de la monarchie : la bourgeoisie, c'est-à-dire la caste des riches, s'est haussée à la place de la noblesse déchue. Elle a monopolisé la grande force temporelle de la vie collective : l'argent. Dans l'industrie, le commerce et la spéculation, elle l'attire à soi et le garde, elle s'en défend, elle s'en cuirasse. Elle tient dans ses mains les pouvoirs publics, les rouages de l'administration, l'instruction et l'information (les grands journaux) — c'est-à-dire l'école des enfants et l'école des hommes — et nous le voyons par des exemples odieux ou terribles, elle tient dans ses mains la justice. Le peuple est entretenu dans l'impuissance de l'ignorance ou, ce qui est pire, de l'erreur. Il ne peut pas sortir de ses bas-fonds. Les progrès scientifiques et industriels, le développement des entreprises, ont donné à la puissance et aux exactions de la classe possédante des proportions plus démesurées qu'au temps de la caste aristocratique. Sa volonté de conserver une situation privilégiée vis-à-vis des masses est devenue plus féroce, plus barbare que celle des princes et des barons de la féodalité.

Ici-bas, l'intérêt général ne compte pas. La formule, c'est : tout à quelques-uns et rien à tous. C'est, dans le sens le plus farouche du mot, de l'anarchie.

Cette anarchie qui sévit entre les particuliers dans l'immensité de chaque nation, sévit entre les nations dans l'immensité du monde. Là aussi, c'est un antagonisme perpétuel de forces individuelles, épiant toutes les occasions de s'agrandir, de prendre, de réussir. Là aussi, la prospérité de quelques-unes de ces puissances — parasites universels — est faite du malheur des autres.

Cet état de choses a amené pour l'humanité une situation sans issue. Nous commençons à voir que nous sommes tous voués à la ruine et à la mort. Puisque nulle part le bien public n'est sauvegardé par les institutions existantes, la persécution des masses et la guerre — c'est-à-dire leur assassinat — est fatale demain comme hier, et comme il y a cent ans. La folie des armements et des dépenses recommence devant nous ! Et ainsi que le disait Mirabeau à l'époque où nous ramène notre esprit : « La banqueroute est à nos portes ! »

Nos dirigeants essayent en vain de sortir du cercle vicieux où les enferme le système tout entier : ils ne prouvent que leur incapacité. A l'extérieur et à l'intérieur ils se cramponnent désespérément à des expédients, pour gagner du temps et sauver provisoirement l'apparence. A ces mesures fictives s'ajoute la persécution, et la guerre civile, — disons-le hautement, avec la conscience des responsabilités que cette accusation applique à qui de droit —, a déjà commencé de toutes parts !

Et c'est parce que nous voyons un rapport tragique entre notre époque de décadence morale et matérielle et celle qu'assombrissaient jadis le déclin d'une société et le crépuscule des rois, que nous disons : la République française a donc fait faillite, malgré l'évangile des Droits de l'Homme.

Ce grand exemple qui emplit toute l'histoire moderne des faits et des idées, rend sensible une vérité capitale qu'il ne faut jamais perdre de vue. C'est que toute réforme est condamnée à l'avortement si elle n'est pas intégrale, profonde et parfaitement harmonieuse, si elle n'atteint pas l'abus dans ses causes premières, si elle ne le poursuit pas dans ses dernières conséquences. Aucun sophisme, aucun étalage d'érudition, aucune accumulation de raisonnements ne peut aller contre cette vérité de fait: nous voyons ce qu'est devenue la Révolution française ; nous ne pouvons énumérer toutes les iniquités et les folies collectives et les catastrophes volontaires qui sont nées dans notre pays et dans le monde après la magnifique révélation de justice qu'elle a apportée. Ce contraste entre une théorie qui était belle et juste et une réalité qui est demeurée abominable montre une impuissance, un vice à la base de la rénovation de 1789.

Ce vice est celui-ci : Les réformes de la Révolution étaient superficielles. Elle a élagué, elle n'a pas déraciné, et tout est là.

Le privilège, l'injustice ne se trouvaient pas seulement dans les différences légales monstrueuses qui marquaient les trois ordres sociaux : la noblesse, le clergé et le tiers état. Une démarcation beaucoup plus profonde et vitale existe entre les hommes dans la collec-

tivité sociale : la différence qu'il y a entre ceux
qui travaillent, et ceux qui, quels qu'ils soient,
profitent du travail des autres — les exploités et
les exploiteurs — c'est-à-dire les vrais maîtres
et les vrais esclaves, c'est-à-dire encore, quelques hommes et les foules. Voilà la division
fondamentale, la division insensée qui est cause
du déséquilibre universel.

Toute la complexité de la société contemporaine est charpentée et animée par la loi du
travail ; cette loi est une grande nécessité, une
fatalité qui s'est abattue sur les hommes et
qu'ils ne peuvent pas plus éviter que les lois
naturelles elles-mêmes. Dès lors, pour que
l'ordre nouveau repose sur ses grandes bases
normales, la raison et la logique exigent que
l'égalité s'accomplisse sur le principe même du
travail. Que chaque citoyen soit astreint au
travail ; que le capital qui ne doit représenter
que le travail et qui est actuellement une force
distincte qui s'engraisse elle-même par l'exploitation et la spéculation, soit ramené à son véritable emploi de moyen d'échange correspondant
directement à un travail réel.

Ce n'est pas tout : nos ancêtres avaient dit :
« Tous les hommes sont égaux devant la loi. »
S'ils n'ont pas réalisé ce sublime commandement, ce n'est pas seulement parce qu'ils ont
laissé subsister à l'intérieur de la nation des

causes vivaces d'iniquité ; c'est parce que leur idéal n'était pas totalement éclairé par la lumière internationale, c'est-à-dire par toute la lumière. C'est parce que dans la prodigieuse multiplication de l'activité moderne, avec la facilité et la nécessité des communications constantes, les cercles nationaux sont trop restreints et deviennent comme des espèces de prisons murées par des frontières — frontières visibles hérissées d'armes, frontières commerciales et économiques qui n'ont pas une importance moins agressive.

Il faut que les grandes lois nouvelles qui apporteront une vraie justice, qui apporteront, pourrait-on dire, la vraie idée républicaine, aient une extension internationale. Cela est nécessaire pour répartir l'effort individuel, pour placer l'intérêt particulier dans l'ensemble des efforts et des intérêts et, instaurer enfin un ordre social qui soit conforme au bien de tous. Il est temps de remplacer l'idéal patriotique par l'idéal humain. Quand même, en présence des effrayantes hécatombes de la guerre, la fraternité et la pitié ne le commandaient pas, le bon sens le plus strict le réclamerait impérieusement. Il est possible qu'à certains moments de l'évolution historique le groupement des hommes en nationalités ait constitué un progrès : toute coordination des efforts, toute mise en commun

des ressources et des idées, constituent toujours
un progrès social. Mais nous assistons à ce phé-
nomène étrange que cette union grandissante
s'est tout à coup cristallisée en blocs nationaux :
arrêt de croissance, vice de conformation. Il est
trop facile de voir que l'idée de patrie, ou, si
l'on préfère laisser à celle-ci son sens inoffensif
de préférence personnelle et de culte sentimental, l'idée de nationalité, restreint et déchire
l'humanité, et hache les immensités vivantes.

Nous nous conformons donc à l'esprit qui a
animé les grands inventeurs sociaux du xviii° siècle en disant que le monde nouveau qu'ils por-
taient dans leur esprit et dans leur cœur se
réalisera selon leurs vœux si l'on donne au mot
égalité qu'ils ont fait briller ici-bas, le sens sans
limites qu'il comporte : dans les entrailles de la
structure sociale d'une part, dans la superficie
du monde, d'autre part.

C'est être simplement juste, raisonnable et
conséquent avec soi-même que de proclamer
que l'idéal social doit amener la suppression
des classes et les fondre dans l'unique classe
des producteurs, et aussi qu'il doit s'étendre
universellement.

Écoutez ce passage :

L'ordre nouveau « se propose essentiellement
« pour but de supprimer toute exploitation de
« l'homme par l'homme, d'abolir définitive-

« ment la division de la société en classes,
« d'écraser sans pitié tous les exploiteurs, de
« réaliser l'organisation socialiste de la société
« et de faire triompher le socialisme dans tous
« les pays ».

Ce que je viens de vous lire est l'article 3 de
la Constitution de la République russe des
Soviets.

Voilà ce que diraient nos ancêtres s'ils nous
parlaient aujourd'hui. Voilà ce qu'ils nous disent
du fond du passé si nous savons les écouter.
Les républicains modérés ou les républicains
radicaux, ou les radicaux socialistes ou certains
socialistes, qui prétendent continuer leur tradition, en réalité, les trahissent. La pensée de
ceux qui ont conçu la Déclaration des Droits de
l'Homme, s'exprime aujourd'hui par la bouche
de Lénine.

Et alors, si nous voulons les imiter non pas
étroitement, littéralement, comme des esclaves,
mais d'une façon vivante, comme des fils, nous
nous persuaderons que dans le grand drame
politique et social qui n'a été jusqu'ici que
l'écrasement et la défaite des pauvres (les
pauvres qui sont en même temps les créateurs
de la vie collective et les porteurs du fardeau
social), dans ce chaos de misères et de malheurs,
il n'y a que deux idées directrices, deux forces
militantes en présence, deux seulement : d'un

côté les vrais novateurs et de l'autre les conservateurs, l'extrême gauche contre tout le reste.

Rien n'est plus faux et n'est plus funeste que
de s'imaginer qu'il puisse y avoir quelque compromission entre ces deux coalitions dont l'une
se cramponne plus ou moins au passé et au
présent — ce qui est la même chose — et dont
l'autre se saisit résolument de l'avenir, dont
l'une laisse, pour une raison ou pour une autre,
subsister des privilèges, et dont l'autre envisage
une base nouvelle, précise et sûre, où le bien-
être de chacun soit logiquement ordonné dans
celui de tous. Toute alliance, toute collabora-
tion est, dans les conditions de la lutte, un
échec pour les novateurs. Sur les fondations
faussées, rien de neuf ne peut être bâti qui ne
tombe bientôt en ruine. Il n'y a pas de répa-
ration possible à ce qui doit être reconstruit.
Tout se tient. Si vous réalisez un progrès isolé,
les abus qui subsistent l'étoufferont. Si vous
réalisez tous les progrès sauf un, l'abus qui
subsiste les corrompra et reprendra toute la
place. C'est pourquoi les doctrines les plus
intransigeantes et les plus nettes sont en même
temps les plus raisonnables. Les partis intermédiaires, les évolutionnistes, les réformistes se
dupent eux-mêmes et dupent les autres; on
voit ce que l'évolution a produit depuis que
l'ancien régime a été renversé par la force : la

timidité des opportunistes a aidé, plus ou moins
consciemment, à réédifier les vieux mensonges
et il en serait ainsi éternellement si l'accumulation même des malheurs et des ruines ne for-
çait aujourd'hui à considérer les choses avec
l'audace du réalisme et ne venait ainsi au secours
de l'infaillible logique et de la morale éternelle.

Citoyens, camarades, c'est à ceci que je vou-
lais en venir : N'oublions jamais que c'est dans
les cadres les plus larges et les plus hardis que
doit être contenue la croyance que nous prati-
quons. La logique va jusqu'au bout. La vérité
est extrémiste.

Cette vérité que nous portons, qui nous éclaire
et qui nous parle, elle est encore loin d'être
réalisée, mais elle se réalisera si les hommes
comprennent que leur salut est à ce prix, savent
l'envisager face à face avec l'urgence dramatique qu'il convient, et n'ont pas peur de leur
propre raison.

Tel est l'enseignement lumineux et implacable que les révolutions d'hier doivent apporter
à celle de demain

APPEL AUX ANCIENS COMBATTANTS
DE TOUS LES PAYS

Camarades,

Je vous adresse un appel fraternel, fervent et réfléchi pour réaliser, par un Congrès qui se tiendra le 30 avril à Genève, l'*Internationale des Anciens Combattants*.

Associations ou isolés, quelle que soit la langue que vous parliez, je vous demande d'entendre celle de la raison, de la justice, de me donner vos noms, de venir avec nous bâtir cette grande assise de l'ordre nouveau — puisque le salut des hommes ne peut sortir que de leur effort commun.

Nous sommes des milliers et des milliers de soldats et d'officiers qui comprenons ce que c'est que la guerre. Les misères et les massacres auxquels le hasard nous a arrachés vivants nous ont mutilés, brisés ou appauvris ; ils nous ont, pourtant, enrichi le cœur et montré le crime là où il était. Maintenant, nous savons implacablement que la guerre est un moyen employé par une caste internationale, avide et féroce, pour voler de la richesse et de la gloire par les mains innombrables des pauvres et des sacrifiés. Nous savons que, tant que cette même caste conduira ses propres affaires à travers la chair humaine, es guerres sortiront les unes des autres, jusqu'à la ruine totale, jusqu'au charnier, jusqu'au silence.

Notre idéal, clarifié par la souffrance, s'élève désormais au-dessus de toutes les solutions hypocrites du malheur universel, de toutes les demi-mesures mensongères, les parodies internationales, les cérémonies secrètes et les traités de rapine, fabriqués par des maîtres qui, pour rassasier leurs coffres et mater les multitudes, ont *tous* besoin de la guerre et la conservent religieusement ici-bas. *Notre idéal exige le renversement du système social actuel.*

Après tant de siècles de civilisation qui furent exactement des siècles de barbarie, nous rejetons enfin les honteuses croyances où la masse humaine s'est laissé abaisser par la tyrannie et la légende capitalistes, impérialistes et militaristes. Nous ne sommes plus éblouis par les fétiches déployés sur les hampes — et derrière

lesquels se cachent les profiteurs de l'humanité
et, avec eux, l'appétit de lucre, l'égoïsme voleur
et assassin, la corruption et le brigandage, et
aussi tous les cataclysmes, jusqu'au cataclysme
suprême, qui approche ! Nous aspirons à l'union
souveraine et fertile des peuples débarrassés de
leurs parasites. Notre idéal est fort parce qu'il
est juste, parce qu'il est complet et harmonieux.
Il est sage, puisqu'en face du chaos déséquilibré
de la société actuelle, qui conduit le monde
vivant, de batailles en batailles, jusqu'à la victoire de la mort, il est révolutionnaire !

Cet idéal-là, camarades, nous l'avons souvent
exprimé, nous l'avons écrit, nous l'avons crié.
Nous avons fait plus :

Il y a quelques mois, au Congrès de l'*Association Républicaine des Anciens Combattants* où
trois cents sections étaient représentées, nous
ne nous sommes pas contentés de protestations,
d'espérances, de paroles. Nous avons agi. Nous
avons jeté les bases d'une union mondiale des
Anciens Combattants. Nous avons pris l'engagement d'édifier à la face du monde, par un Congrès et par une loi organique permanente que
nous discuterons ensemble, l'armée de ceux qui
ne se sont pas tués, l'armée de la vie — à cause
de la hardiesse et de la pureté de ce geste volon-
taire et de la grande leçon qui en rayonnera.

Notre Internationale des soldats ne fait pas

double emploi avec l'Internationale socialiste, pas plus que celle que nos frères de *Clarté* réalisent pour la diffusion de la doctrine de raison. Elle agit en un parallélisme fraternel avec le socialisme. Elle renforce, par une intervention jaillie de la libre volonté d'une phalange de citoyens en révolte contre le mal, le grand Parti qui est pour nous celui de l'ordre comme il est celui de la vérité. Elle l'aide de tout son poids. Elle lui ajoute un reflet moral, un prestige qui a été loyalement payé avec du sang. Elle lui apporte ses cris, ses blessures, ses agonies profondes et ses cauchemars lucides de là-bas, pour refaire le monde jusqu'aux entrailles.

Camarades, c'est dans un esprit de volonté tenace et créatrice que nous nous tournons vers vous pour que vous sortiez tous de l'ombre ! L'ère des réalisations doit commencer. La règle lumineuse des esprits, le vœu immense des cœurs doit devenir une chose terrestre et s'incarner en foule. Que nos mains se trouvent parmi les ruines universelles, se serrent et ne se lâchent plus !

Beaucoup d'entre vous, de tous les coins de l'Europe, nous ont déjà répondu. Ce n'est pas encore assez. Sur trente millions de soldats, il en reste debout quinze millions. Où sont-ils ? Que font-ils ? Sont-ils terrorisés, sont-ils sourds ou sont-ils fous ? Nous sommes cinquante mille ici. Combien êtes-vous? Et les veuves et les mères en deuil où sont-elles et où sont leurs cœurs? Il faut que notre nombre de jour en jour s'enfle comme un ouragan. La vérité doit peupler le monde.

Et nous disons ces choses avec une gravité particulière aux anciens combattants allemands et autrichiens. La coalition réactionnaire et militariste essaie, camarades qui, hier, étiez poussés en face de nous, à fausser en vous le sens de la guerre; la falsification est son moyen de règne. Elle vous serre haineusement dans ses bras. Elle veut vous solidariser avec elle et nous solidariser, à vos yeux, avec ceux qui règnent ici. Elle veut empoisonner votre pensée, comme avant, comme toujours, pour mêler aux conditions de votre grande vie ses intérêts personnels de soudards, de financiers et de marchands. Elle veut arriver à vous faire *espérer* de nouvelles guerres, à vous promettre des catastrophes! Refusez-vous aux gouffres où elle vous traîne au nom des formules nationalistes dont aucun de nous n'accepte plus la vieille magie. Il n'y a que deux nations au monde: celle des exploiteurs, celle des exploités. La plus puissante est prisonnière de l'autre et nous appartenons tous, prolétaires des batailles, à celle qui est vaincue. Telle est la tragique, l'insensée, la honteuse réalité. Tout le reste n'est

que malfaisants sophismes surannés qui amène-
ront la fin du monde à force d'absurdité — si
les esclaves restent des esclaves.

Venez à nous pour aider à la délivrance de la
grande patrie universelle des pauvres, pour que
nous brisions les idoles communes, pour qu'un
jour nous fassions de ce peuple épars d'ennemis
qui nous commande dans toutes les langues, les
prisonniers de la sainte et unique justice, pour
que nous préparions par des voies simples et
droites, à travers les machinations abjectes des
puissants du jour, la seule revanche invincible
et éternelle : la Revanche des hommes.

Janvier 1920.

LE MONDE NOUVEAU (1).

Soldats de tous les pays,
Soldats allemands et autrichiens,

C'est avec une émotion profonde que j'ouvre
ce Congrès, que je vous adresse les paroles fraternelles de bienvenue, que je vous apporte, avec
notre salut, le salut innombrable des camarades
qui n'ont pas pu venir ici.

Ainsi, nous voilà les uns devant les autres,
nous qui avons été les uns devant les autres dans

1. Discours d'ouverture du Congrès International des
Anciens Combattants tenu à Genève les 3 avril, 1er et
2 mai 1920, et qui était composé de délégués d'Associations françaises, allemandes, autrichiennes, alsaciennes-
lorraines, anglaises, italiennes, représentant un million
d'hommes.

nous qui nous sommes épiés et frappés à travers
l'horreur de ces jours et de ces nuits de guerre qui
ont ressuscité pendant des années... Et moi, de
me trouver ainsi aujourd'hui face à face avec
vous, qui n'êtes pas des hommes passifs, inertes,
ni désarmés, mais qui êtes toujours des soldats,
résolus à fonder une nouvelle alliance plus
grande que toutes les alliances qui ont jamais
été faites par les grands de la terre, et la patrie
nouvelle qui se confond avec l'idéal sans bornes,
ce sera la gloire de ma vie.

Notre Congrès n'est pas un congrès ordinaire.
Il a quelque chose d'audacieux et de dramatique
qui dépasse les aspects des plus belles réunions
internationales. Il exprime dans un geste solennel qui sera aperçu de tous les coins du monde
une volonté éclatante, et même, cette volonté,
il la réalise. Nous allons discuter, nous allons
nous entendre, nous allons donner une organisation matérielle et morale à notre union. Mais,
d'ores et déjà, notre Congrès a réussi, il a triomphé, du fait seul qu'il existe et qu'il a osé se
créer lui-même.

Nous sommes venus ici pour résister à la folie
du monde, pour utiliser au service de la sagesse
et de la raison la valeur que personne n'ose
encore contester de nos blessures, de nos
souffrances et même des vides qui se sont faits

dans nos rangs de combattants, ces vides qui appartiennent aussi à notre chair.

Il y a eu des fraternisations partielles dans le chaos mécanique et déchaîné de la guerre. Mais ces rapprochements naturels de l'homme vers l'homme, ou plutôt du souffrant, qui est un cœur plus nu et un esprit plus pur, vers le souffrant — et que rien n'a pu empêcher parfois — ont été désordonnés et pires qu'inutiles. Ils n'ont servi qu'à ajouter des victimes aux massacres et qu'à aggraver la guerre.

Ce n'est pas pendant la guerre qu'il faut fraterniser, c'est avant. Nous nous sommes réunis pour fraterniser solidement et définitivement avant les guerres qui veulent recommencer.

Lorsque nous méditions dans les campagnes stérilisées et fouillées par le soc des obus, au milieu de ces désolations pleines de pièges et d'éclairs, bossuées au loin devant nos yeux par des parapets, dans ces plaines aux horizons cruels, nous nous disions bien, subjugués par une évidence qui nous apparaissait parfois par morceaux : « Ils sont des hommes comme nous. » Ce sont des choses auxquelles on ne peut pas ne pas penser, mais auxquelles on ne pouvait pas penser longtemps, emportés, aveuglés par les sombres fatalités immédiates. Cette vérité que nous proférions du bout des lèvres nous dépas-

sait; notre sincérité n'était pas encore de taille
à l'embrasser toute. Maintenant nous apportons
déjà cette première croyance définitive : la
croyance à notre fraternité.

Camarades, je vous le dis, à vous qui venez
de tous les points du monde, nous ne sommes pas
des étrangers, nous avons des pensées trop res-
semblantes. Notre fraternité est plus profonde
que celle qu'on reconnaît aux traits de la figure
et aux accents de la voix. Elle est réchauffée et
éclairée par les rayons d'un même foyer plus
divinement réel que les autres. Nous nous recon-
naissons enfin jusqu'au fond, et tout d'abord
nous jurons que jamais, sous aucun prétexte,
nous ne porterons plus la main les uns sur les
autres.

Mais nous voulons aussi, car nous ne pouvons
plus, nous ne savons plus désormais borner
égoïstement notre espérance, qu'il en soit de
même de ceux qui sont autour de nous et de
ceux qui viendront après nous. Tous les sacrifiés, qui sont pareils, s'animent d'une volonté
pareille : celle de clôturer la période historique
des sacrifices humains. Nous sommes les voix
d'une même parole : « Guerre à la guerre ! »

Mais ce cri resterait un vain cri s'il n'annonçait
pas toute une idée, un système, un dogme ; s'il
n'était qu'une plainte sentimentale ; s'il s'isolait,
s'il se stérilisait dans le cœur de chacun de nous.

Nous savons que les siècles de barbarie ont inutilement retenti, avec de grands échos vides et sonores, des anathèmes des poètes et des cœurs sensibles contre la barbarie, ou des sarcasmes cinglants ou larmoyants des moralistes ou des foules de cris de douleur anonymes.

Cela ne sert à rien. En quoi ces protestations peuvent-elles changer l'ordre des choses? Il ne peut être changé que par un nouvel ordre de choses.

Tous les faits ont une cause. C'est cette cause qu'il faut empoigner pour être maître des faits. Celui qui ne va pas jusqu'aux raisons n'atteint pas les remèdes. Les événements ne sont que des déductions fatales presque abstraites comme des chiffres qui résultent les uns des autres. C'est la cause qui est la proie. La vraie cause de la guerre — ils l'avouent eux-mêmes — est une cause économique. La guerre est une question de traités de commerce et de protection, de lois de protection, de débouchés, de grandes concurrences et d'enrichissements personnels. La guerre est une question d'argent. C'est par l'argent, c'est par ses entrailles, qu'on saisira le monstre. Je vous le disais : c'est en élevant contre la guerre toute une doctrine qui indique quels sont les vrais ennemis des hommes, les vraies séparations, et les vraies victoires, que nous aurons raison contre elle et que nous aurons raison d'elle.

Nous qui avons été les travailleurs de la guerre et voulons impitoyablement être les ouvriers de la paix, nous, les derniers venus de longues dynasties de martyrs, nous prétendons, n'est-ce pas, refaire la réalité selon la logique et la pureté — et la refaire jusqu'au fond, puisque les demi-réformes entretiennent les demi-abus et que ceux-ci reprennent tout insensiblement ; la refaire avec une conception assez vaste pour être pratique, la refaire le plus tôt que cela sera humainement possible.

Et ainsi nous sommes des gens raisonnables et positifs. Notre révolte est réfléchie, calculée et scientifique. C'est par cela que nous différons de tels révolutionnaires d'autrefois à qui la générosité et l'élan tenaient lieu souvent de religion intégrale. Nous que l'on représente comme des fous nous sommes des sages. Et c'est cela que je veux crier d'abord à ceux qui épient les paroles que nous prononçons ici et qui les épieront et les pèseront une à une demain dans toutes les capitales. Nous sommes des sages parce que nous apportons la volonté d'une organisation sociale, complète et profonde. D'ailleurs, ce qui les épouvante, eux, là-bas, là-haut, ce ne sont pas les crieurs, ce sont les théoriciens.

Nous avons vaincu en nous, au fond de nos

chairs que la grande vérité a marquées au **fer
rouge**, les vieux ennemis intérieurs : les instincts
aveugles et les préjugés ; nous ne sommes pas
troublés par la tentation des intérêts personnels
immédiats, du petit intérêt local et momentané,
puisque nous savons une fois pour toutes que
l'intérêt de chacun doit trouver place dans l'intérêt de tous.

Nous n'avons peur de rien, ni de la majesté
des traditions antiques, ni du poids écrasant des
idoles, ni de la haine de nos seuls ennemis séculaires : les profiteurs, ni de leur spéculation
suprême : cette contre-révolution partout déchaînée par eux contre l'idéal des hommes et
qui suffirait à elle seule à provoquer fatalement
la révolution. De quoi aurions-nous peur, nous
qui n'avons pas peur de la vérité ?

Tel est l'esprit d'audace loyale et lucide que
nous apportons à notre tâche de constructeurs.

En quoi consiste cette tâche ?

D'abord cimenter l'Internationale des Anciens
Combattants par un organe permanent et des
moyens de liaison durables ; prolonger ce Congrès par l'institution ordonnée d'une armée pacifique, centraliser l'armée humaine, lui donner
une charte.

Certes, nous songerons à nos intérêts personnels, spéciaux d'anciens combattants — bafoués,
méprisés et relégués comme des armes mutilées,

malgré les éloquentes promesses verbales, depuis le moment où une moitié des spéculateurs du grand commerce et de la haute finance a provisoirement réussi.

Mais nous savons surtout que nos intérêts professionnels ne sont pas distincts de tous nos intérêts de citoyens et d'hommes ; que les uns ne vont pas sans les autres, qu'ils nous seront donnés ou repris en même temps, que si nous les arrachons par bribes, toutes choses restant universellement les mêmes, ils seront fragiles, éphémères, inutiles, et que l'ancien combattant n'est qu'un symbole saignant du prolétariat tout entier.

Pour faire ensemble, de front, ces premiers pas dans l'ordre nouveau, il faut que nous soyons étroitement unis par une idée commune. C'est l'élaboration de l'idée qui est la partie la plus importante de la mission que nous nous sommes assignée.

Cette idée c'est d'abord la doctrine idéale telle qu'il faut qu'elle règne un jour et qui est seule valable dans son intégralité contre les malheurs humains dont nous sommes les témoins devenus les justiciers, — et d'autre part les mesures provisoires que nous impose l'hostilité des institutions existantes, des hommes et des classes qui les animent, pour faire sortir l'ordre rayonnant et frémissant du désordre actuel : nous avons à décider sur la doctrine future, et sur la tactique présente, sur la fin et sur les moyens, l'idéal et la révolution.

Vos décisions que nous aurons ensuite à défendre religieusement, je ne me permettrai pas de vous les dicter, mais je pense qu'elles seront conformes à celles de vos frères français représentés ici, c'est-à-dire à celles des fractions les plus hardies et les plus purement extrémistes de l'avant-garde socialiste.

Car nous avons foi dans le parti socialiste, et je veux dès le début proclamer envers lui notre fidélité et notre fraternité. Je veux dire que dans le désordre des choses, il incarne la force consciente des malheureux, personnifie le progrès social et moral, qu'il en est la puissance de réalisation concrète, qu'il représente le déluge magnifique, et que c'est une faute grave pour tous les esprits libres de se séparer de lui, de construire à l'écart de lui des rêves stériles et mortels comme les hommes isolés, ou de ne pas faire avec une vaste et ponctuelle discipline, œuvre parallèle à la sienne.

Nous lui apportons des forces nouvelles non par soumission de principe vis-à-vis de lui, mais — au contraire — par soumission à la vérité unique.

Ces forces nouvelles viennent de ce que nous avons fait, de ce que nous avons vu, de ce que nous avons entendu et même de ce que nous avons le regret et presque la honte d'avoir cru.

« N'oubliez jamais », nous disent chez nous — ou chez vous — les maîtres barbares qui veulent perpétuer l'industrie lucrative, l'enchantement doré de la guerre. Nous leur répondrons, à ces parasites qui se cramponnent sur toutes les latitudes : Eh bien oui, nous nous souviendrons, mais nos souvenirs ne sont pas les mêmes que les vôtres et le premier résultat loyal de cette évocation sera de leur crier, ici ou là dans le monde : « Nous n'avons rien de commun avec vous ! » Oui, nous reviendrons en souvenir sur les champs de bataille, comme des revenants, comme les âmes de ceux qui n'en sont pas revenus — et à cause de la pitié et de la raison, nous découvrirons que nous n'avons plus les mêmes ennemis que jadis.

« Continuez à haïr », prêchent-ils là-haut. Oui, soyez tranquilles ; oui, nous continuerons à haïr, mais nous ne donnons pas bêtement des noms propres aux baïonnettes et aux éclats d'obus. Nous haïssons par-dessus les têtes isolées et courbées des prisonniers armés, par-dessus les instruments, la duplicité et l'aberration qui ont déclenché un jour toutes les baïonnettes et tous les canons en même temps. Ces anathèmes, ces plaintes qui s'exhalèrent de nous, et même ces cris d'amour pour la vie, car

les agonisants pleins de vie que nous étions
tous dans les tranchées étaient passionnément
amoureux de la vie, toutes les voix déchirées qui
sortaient de notre chair et que le vent empor-
tait, il faut qu'un grand vent les rapporte à
nouveau et nous les fasse rentrer dans la tête
et résonner dans la bouche. L'oubli est sacri-
lège.

On nous a dit : « Il faut pousser la guerre jusqu'au bout pour que la paix soit durable ». Eh
bien, nous reprenons cette parole à notre compte.
Nous ferons jusqu'au bout la guerre sociale
pour que la paix finale, la fusion des classes, la
vraie paix à travers le monde, soit durable.
Quand nous parlons de révolution ou de guerre
des classes, ne perdons jamais de vue que nous
parlons d'une chose provisoire, puisque nous ne
voulons que le règne de la justice pour tous sans
exception — jusqu'au bout.

On nous parle de patrie. Nous en parlons
aussi. Mais la nôtre n'est pas, comme la leur,
une espèce de citadelle féroce plantée en face
des autres avec les coffres-forts au centre. C'est
une patrie qui n'a pour frontière que les horizons — comme la nature et comme l'esprit humain — et qui est trop grande pour qu'ils soient
capables de la comprendre.

Nous savons désormais que les nations actuelles ne sont que des morceaux, des fragments

cassés de l'humanité. Elles forment des blocs
distincts qui gisent à la face vertigineuse du
ciel, délimités par d'étranges découpures qui
portent la marque des disputes et des arrache-
ments séculaires. Ces nations-là ne peuvent se
maintenir que par la guerre militaire et com-
merciale, le travail sournois des diplomaties
souterraines, la concurrence déloyale, la brutalité, la haine et le canon. Elles sont faites d'une
union bâtarde et tragiquement grotesque de
maîtres et d'esclaves. De pays en pays, les
maîtres savent s'entendre, se ménager, se faire
valoir, au détriment des esclaves qui sont l'armée du travail et l'armée de la tuerie. Eh bien,
ce vieux machinisme bestial, nous le rejetons
en bloc. Nous disons que de même que les intérêts cyniques des maîtres sont partout les
mêmes, l'intérêt du peuple est partout le même.
Nous dénonçons tout le personnel malfaisant
qui nous opprime : nous disons que les Ebert,
les Muller, les Lloyd George, les Millerand et
les Deschanel, tous ces noms signifient l'éternelle continuation des choses, et sont tous au
même titre des insultes à l'éternelle souffrance
humaine. Tous les peuples ont une tendance
naturelle et sacrée à se joindre, à se mêler et à
faire un même niveau, comme les flots de la
mer. Ce n'est que dans une patrie grande comme
le monde que la **répartition** juste des efforts

créateurs, l'équilibre du travail, le libre jeu du trafic honnête, c'est-à-dire l'harmonie et la paix, pourront enfin s'étendre.

L'idée de nation ne doit être qu'une idée transitoire — qui a fini son temps — dans le développement du genre humain. Comme on l'ignore ou qu'on veut l'ignorer partout, nous le dirons partout. Quand nous parlons de défense nationale ou de quoi que ce soit de national, ne perdons jamais de vue que nous parlons de quelque chose qui est provisoire et qui ne doit plus être.

« Songez à vos compatriotes », nous dira-t-on. Alors, nous nous désignerons, camarades de tous pays, les uns les autres, et nous dirons : « Nos compatriotes, les voici ! » et à force de nous souvenir, nous déchirerons les chiffons de soie des drapeaux multicolores, nous jetterons loin de nous tout ce théâtre de foire où la souffrance et la mort seules n'étaient pas des comédies, toute cette coquetterie ignoble des massacres; nous ne reconnaîtrons plus qu'un seul drapeau à notre multitude universelle : le sublime drapeau qui est la couleur du sang populaire gaspillé au cours des âges par le luxe des riches, qui est rouge comme les mains que nous sommes venus ici pour nous tendre.

On nous dit : « Travaillez pour sauver la vieille civilisation », c'est-à-dire pour refaire la richesse des riches et pour qu'ils continuent, à l'intérieur

et à l'extérieur, leurs enrichissements sanglants.
Oui nous travaillons, nous croyons au travail.
Mais nous ne croyons qu'à cela et nous disons :
Tous travailleront ensemble et ceux qui ne travailleront pas ne mangeront pas, car ceux qui
ont de l'argent autrement que par le travail sont
des parasites de l'humanité — et leur loi est une
loi de vol et d'assassinat, ne se justifiant que par
l'injustice.

Mais que nos ennemis universels disent ce
qu'ils voudront désormais, qu'ils usent leurs
millions à faire dans leurs journaux maudits de
la publicité à leur cause qui s'effondre. Nous
voyons tout plus largement et plus définitivement qu'ils ne le voient, nous sommes d'une
autre taille qu'eux. Nous ne pourrons plus jamais, maintenant, les comprendre, parce que
nous sommes des hommes de raison qui allons
droit aux causes, par-dessus ou à travers les
légendes et les prétextes, à travers la singerie
réactionnaire de « l'ordre », à travers cette ma-
chination de la Société des Nations, parodie de
l'Internationale, dont les dirigeants et les capitalistes tiennent les ficelles ; à travers les dangers
plus sournois encore de l'« évolution » graduelle
et de l'opportunisme qui n'est qu'une défaite
qui traîne en longueur. Quand nous parlons de
tel contre-projet fiscal ou militaire, ou de la revision du traité de Versailles, n'oublions pas que

nous parlons de quelque chose de provisoire.
Deux commandements éclatants, exigeants et
impérieux devant nos yeux, toujours : l'avenir et
l'intérêt général. Nous nous refusons à l'esclavage, pour nous assujettir à la vraie discipline
humaine. En agissant ainsi nous ne nous enchaî-
nons pas. Obéir à la raison c'est obéir à soi-
même, c'est donc être libre.

Après nous être serré les mains, avoir renforcé nos idées par notre contact et commencé
à écrire notre loi commune, nous retournerons
chacun dans notre coin du monde. Nous nous
répandrons dans les campagnes et dans les villes.
Nous dirons que la vieille société est condamnée,
nous montrerons les charges croulantes qui
s'accumulent, le prix de la vie qui augmente
automatiquement chaque jour et augmentera
chaque jour par suite des expédients mêmes
qu'inventent éperdûment à mesure pour y
remédier le système anarchique et déséquilibré
du capitalisme. Nous montrerons la fatalité des
guerres nouvelles puisque c'est la loi du plus
fort qui règne toujours sans entraves, et les
échéances mathématiques de la faillite et de la
faim.

Nous montrerons que tous, même ceux qui
sont assez aveugles pour ne pas voir les immenses
et sublimes nécessités qui se dessinent, même
ceux qui sont enfoncés petitement dans un bien-

être momentané, seront bientôt emportés, eux
et leur petit bien-être, dans le malheur général,
et qu'ils ont tous intérêt à lutter pour que l'ordre
nouveau soit bâti sans tarder sur les ruines de
l'autre — l'autre, qui ne signifie, répétons-le
toujours, qu'exploitation et spoliation, que
guerres civiles et guerres étrangères.

Et l'on verra que l'imminence des catastrophes
à nouveau suspendues sur nos têtes donne désormais une extraordinaire possibilité de réalisation au rêve de justice raisonnable et pratique
sur lequel les ignorants et les menteurs étaient
parvenus depuis des milliers d'années à maintenir le mot : utopie.

On nous reproche de nourrir je ne sais quelle
idée d'oppression·et de représailles. Cela est un
mensonge de plus et nous saurons le dire assez
fort pour que les sourds et les indifférents, qui
sont pires que les sourds, finissent par nous
entendre. Toute la civilisation s'écroule en ce
moment autour de nous dans la misère, dans la
douleur et dans le sang. Ceux qui veulent substituer la justice à l'injustice et les perspectives
illimitées de l'internationalisme à ce nationalisme qui n'est qu'une formule de suicide, se
présentent comme les vrais sauveurs du genre
humain.

Nous montrerons là-bas, en Russie, le commencement des temps nouveaux : l'humanité

régénérée, l'humanité de l'avenir qui déjà entre-
prend contre le capitalisme hérissé d'armes du
reste de l'Europe, une lutte aussi démesurée,
aussi définitive, et aussi simple que celle du
jour contre la nuit, et nous ne nous donnerons
pas le ridicule odieux de marchander notre
approbation aux immenses réalisateurs de Moscou.

Nous promettrons la venue fatale de la justice
universelle. La guerre, je vous l'ai déjà dit
dans mon premier appel, quel que soit le ca-
price de la victoire, fait de nous tous les travailleurs et les peuples, des vaincus. Nous serons
les vainqueurs parce que notre défaite serait
celle de la raison, de la morale, de la vérité.
Notre croyance s'apporte dans l'univers comme
la jeunesse du bonheur futur, comme un printemps. La seule voix humaine qui s'harmonise
avec la nature elle-même, la musique pensante
de l'aube et du soleil, c'est le chant de l'Internationale.

FIN

TABLE DES MATIÈRES

Paris. — L. MARETHEUX, imprimeur, 1, rue Cassette.

www.ingramcontent.com/pod-product-compliance
Lightning Source LLC
LaVergne TN
LVHW020122060726
842526LV00004B/1222